정말 지옥은 있습니다!

Originally published in the U.S.A
Under the title
A Divine Revelation of Hell
Copyright ⓒ 1996 by Whitaker House,
30 Hunt Valley Circle, New Kensington, Pennsylvania 15068, USA

Korean Translation copyright ⓒ 1996 by Grace Publishing Company
178-94 Sungin-dong Jonglo-gu Seoul, Korea

이 책의 한국어판 저작권은 Whitaker House 와의
독점판권 계약에 의해 은혜출판사에 있습니다.
저작권법에 의하여 한국 내에서 보호받는 저작물이므로
무단전재와 무단복제를 금합니다.

정말 지옥은 있습니다!

메어리 K. 백스터 지음 | 김유진 옮김

A DIVINE REVELATION OF
HELL

하나님께

영광과

존귀와

찬양을 드립니다.

이 책을 성부 하나님,

성자 예수님,

그리고 성령님께 드립니다.

| 출간에 앞서 |

현장체험 「정말 지옥은 있습니다」의 영문판 제목은 「A DIVINE REVELATION OF HELL」로 미국 출판사 Whitaker House 측과 합법적인 계약을 맺고, 역자의 수고로 번역을 마치고, 출간하기까지 본 출판사 측에서 상당히 고심해야 했습니다.

이 책은 이미 National Best Seller로 미국 내에서는 독자들로부터 많은 호응을 받고 있지만 우리 나라에서는 다소 다른 견해를 가지고 있는 독자도 있기 때문입니다.

사람들은 지옥에 대하여 관심과 두려움을 느낍니다. 누구나 죽음을 맞이할 수밖에 없고, 내세에 대한 불안을 갖고 살아가기 때문입니다.

지옥의 실체는 그 누구도 본 사람은 없습니다. 그러나 분명한 것은 성경에 기록된 지옥(막 9:43)은 참혹한 곳이 틀림없습니다. 그리고 죄를 짓고 회개하지 않은 사람들은 지옥으로 간다는 사실입니다. 이런 민감한 문제를 객관성보다는 저자의 주관적 체험에서 쓰여졌다는데 다소 다른 견해가 있을 수 있다는 것을 인정하면서 한 장 한 장 검토를 했습니다. 그리고 이 책은 신자든 아니든 자기 삶에 한번쯤 정직한 성찰이 있어야 한다는 두려움을 느꼈습니다.

　이 책의 출간 동기는 어떤 논쟁이 아니라 하나님 앞에서의 바른 신앙이며, 구원은 절대적으로 받아야 한다는 절박함 때문입니다.

　누구나 한번쯤은 진지하게 이 문제를 생각하여 하나님 앞에 바로 선 신앙인이 되어야 합니다. 이 책의 강력한 메시지는 바로 이런 참된 자기 회개를 통한 구원에 있습니다.

　개인의 신앙적 체험이나, 기도의 응답들은 하나님께서 허락하신 범위 속에서 어차피 주관적 체험으로 이루어져 왔기 때문에 저자의 동기도 지옥을 통한 참된 신앙인이 되어야 하며 구원의 문제에 중점이 되어져야 합니다.

　아무쪼록 각자 자기 본 교회 섬김에 최선을 다 하며 승리하는 삶을 통해 구원의 영광을 얻으시기를 간절히 바라는 마음에서 이 책을 출간하게 되었음을 밝혀 둡니다. 늘 승리하시는 날들이 되시기를 진심으로 바라며…….

Grace 은혜출판사 편집부

| 서문 |

주 예수 그리스도의 초자연적인 능력이 아니었다면 사후세계(Afterlife)를 다루는 이 책은 출판되지 못하였을 것입니다.

오직 예수님만이 지옥의 열쇠를 쥐고 계십니다. 예수님만이 천국 입구에 들어가는 값을 지불하셨습니다.

이 책을 쓰는 것은 내겐 고통이었고, 길고 외로운 나날들이었습니다. 사실 이 책을 쓴 후 출판되기까진 몇 년이 걸려야 했습니다. 주님으로부터 이 지옥에 대한 계시는 1976년에 왔습니다. 이 계시들을 글로 옮기기 시작하는데 8개월이 걸렸습니다.

원고를 다 쓰는데 몇 년이 지나야 했으며, 뒤에 성경구절들을 집어 넣는데 일년이 더 걸렸습니다.

1982년과 1983년 사이 겨울에 가서야 책을 끝낼 수가 있었습니다. 이러한 중에도 주님은 나를 데리고 40일 동안 지옥에 같이 동행하셨습니다.

내가 한 어린 아이로서 하나님에 대한 꿈을 가지고 있을 때 주님은 내가 이 책을 쓰도록 준비하시고 계셨습니다. 나는 거듭난 후에 잃어버린 영혼들에 대한 강한 열정과 그들이 구원받기를 그 누구보다도 원했습니다.

주님이 1976년에 내게 나타나셔서 내가 할 임무를 말씀하셨습니다.

"캐더린, 사람들을 어둠에서 빛으로 이끌기 위해 너를 통해 나를 나타낼 것이다. 주 하나님은 내가 너에게 보여 주고 들려주는 내용들을 글로 적어 책을 만들 목적으로 너를 부르셨느니라.

이제 너에게 지옥의 실상들을 보여 주겠노라. 이로 인하여 많은 영혼들이 구원을 받으며 때가 늦기 전에 그들의 행위들을 회개하기 원하노라.

너의 영혼은 육체에서 분리될 것이며 나, 주 예수 그리스도와 함께 지옥으로 가 여러곳을 보게 될 것이니라.

또한 천국에 대한 이상들과 다른 장소들을 많이 보여 주겠으며 계시의 말씀도 있을 것이니라."

| 차례 |

서문 *8*

chapter1 지옥으로… *15*
chapter2 지옥의 왼편다리 *25*
chapter3 지옥의 오른편다리 *45*
chapter4 수많은 불구덩이 *61*
chapter5 공포의 터널 *77*
chapter6 지옥에서의 활동 *83*
chapter7 지옥의 배 부위 *95*
chapter8 지옥의 감방들 *99*
chapter9 지옥의 공포들 *109*
chapter10 지옥의 심장부 *123*
chapter11 바깥 어두운 데 *137*
chapter12 뿔들 *145*
chapter13 지옥의 오른팔 *153*

chapter14 지옥의 왼팔 *161*

chapter15 요엘의 날들 *167*

chapter16 지옥의 중심부 *171*

chapter17 하늘들에서의 전쟁 *185*

chapter18 지옥에 대한 이상들 *193*

chapter19 지옥의 입구 *205*

chapter20 천국 *221*

chapter21 가짜 종교 *227*

chapter22 짐승의 표 *231*

chapter23 그리스도의 재림 *235*

chapter24 하나님의 마지막 부탁 *239*

chapter25 천국에 대한 이상들 *243*

chapter26 예수님의 예언 *249*

맺는말 *252*

저자에 대하여 *253*

: 캐더린에게 보내는 예수님의 메시지 :

"내가 네게 보여 주고 들려준 것들을
기록할 목적으로 너는 태어났느니라.
내가 네게 들려주고 보여준 것들은 사실이니라.
지옥은 실제로 존재하고 있으며
나 예수는 지옥의 고통에서 사람들을 구하기 위해
하나님에 의하여 보내심을 받은 것을
세상에 알리기 위하여 너는 부르심을 입었느니라."

1
지옥으로…

1976년 3월이었다. 집에서 기도하고 있는데 주님께서 나를 찾아오셨다. 갑자기 주님의 임재하심을 느꼈을 때는 성령의 인도하심을 따라 며칠째 계속해서 기도를 해오고 있던 때였다.

그의 권능과 영광이 집을 가득 채웠다. 하나의 밝은 빛이 내가 기도하고 있는 방을 가득히 채우고 있었다. 그리고 달콤하고 형용할 수 없는 느낌이 나를 감싸왔다. 빛들이 파도처럼 흘러 들었다. 그것들은 굴러가다가 서로 포개어지고 다시 펴지며 굴러갔다. 장엄한 장면이었다.

이어서 주님의 음성이 내게 들려왔다.

"나는 너의 구주인 예수 그리스도니라. 너에게 계시를 주어 성도들로 하여금 나의 재림 때를 준비하게 하여 많은 자를 의의 길로 인도하길 원하노라. 어둠의 세력들은 실제로 존재하며 나의 심판도 사실이니라.

내 영으로 너를 지옥으로 안내하여 이 세상이 알아야 할 것들을 먼저 너에게 보여 주겠다. 앞으로 너에게 많이 나타나리라. 나는 너의 육체에서 너의 영을 데리고 지옥으로 갈 것이다.

앞으로 책을 써서 내가 너에게 보여 주는 모든 것들과 이상(理想)들을 사람들에게 알리길 원하노라. 너와 나는 함께 지옥을 걷게 될 것이다. 전에도 있었고 지금도 있고 앞으로 있을 것들을 기록하여라. 내 말은 사실이며 진실하며 믿을 만 하니라. 나는 스스로 있는 자요, 나 이외에 다른이는 없느니라."

"사랑하는 주님, 제가 무엇을 하길 원하시는지요?"

나는 주님께 여쭈었다. 온몸으로 주님께 매달리며 울고 싶었고 주님을 느끼고 싶었다. 이때의 심정을 표현할 말이 있다면 사랑이 나에게 다가왔다고 하겠다. 그것은 내가 지금까지 느꼈던 것 중에 가장 아름답고 평화롭고 즐겁고 힘있는 사랑이었다.

나도 모르게 하나님을 찬양하기 시작했다. 갑자기 주님께 쓰임받기 위하여 나의 전부를 주님께 드리고 싶었다. 내 전부를 드려 사람들을 죄에서 구하고 싶었다.

내 방에 찾아오셨던 분은 다름 아닌 하나님의 아들이신 예수님이셨음을 성령님의 도우심으로 곧 알 수 있었다. 그분의 거룩한 임재를 표현할 방법이 없었다. 그러나 나는 그분이 주님이셨음을 분명히 알고 있다.

"사랑하는 캐더린! 내 영으로 너를 지옥으로 안내하겠다. 그리하면 너는 지옥의 실체에 대하여 기록할 수 있고 이 지구상의 모든이들에게 지옥이 실존함을 알릴 수 있으며 어둠 가운데 있는 잃어버린 자들을 예수 그리스도의 복음의 빛 가운데로 인도할 수 있을 것이다."

순식간에 내 영혼이 육체에서 분리가 되었다. 나는 내 방을 벗어나 하늘 위를 향하여 주님과 함께 올라갔다. 비록 영적인 상태였지만 진행되어지는 모든 상황을 알 수 있었다. 저 아래로 나의 남편과 아이들이 집에서 잠들어 있는 것이 보였다.

집 지붕을 통과해서 위로 주님과 함께 올라가면서 내 육체가 침대 위에 누워있는 것이 보였다. 마치 육체가 죽은 것처럼 보였다. 지붕이 완전히 벗겨진 것처럼 내 가족들의 잠자는 모습까지도 볼 수가 있었다.

이때 주님이 나를 어루만지시며 말씀하셨다.
"두려워 말라. 너의 가족은 안전할 것이다."

주님은 내 생각을 다 읽고 계셨다.

나는 최선을 다하여 내가 보고 들은 것을 차근차근 이야기하려고 한다. 내가 이해하지 못했던 것들도 있다. 그때마다 주님께서는 그 의미들을 설명해 주셨지만 이야기하지 않으신 것도 있었다.

지금 여러분에게 말씀드리는 것은 사실입니다. 이것을 내게 보여 주신 분은 하나님이십니다. 이로 인하여 그의 거룩한 이름을 찬양합니다. 사랑하는 여러분, 내가 하는 말은 거짓이 아닙니다. 지옥은 실존합니다. 이 책을 준비하는 동안에도 성령에 이끌려 그곳에 많이 갔다 왔음을 고백합니다.

곧 나는 여러 하늘들을 지나 올라갔다. 고개를 돌려 주님을 바라봤다. 주님은 영광과 권능으로 가득차 있었다. 큰 평안이 그분께 흐르고 있었다.

주님은 내 손을 잡으시면서 말씀하셨다.
"나는 너를 사랑한단다. 두려워하지 말라. 내가 너와 함께 함이니라."

이때 우리는 더 높이 올라가고 있었다. 조그만 지구가 저 아래로 내려다 보였다.

지구를 벗어나면서 곳곳에 회오리 바람 같은 것들이 많이 보였고, 그 끝은 한 곳으로 모아져 있었다. 이것들은 무엇을 빨아들여 한 곳으로 보내는 것처럼 보였는데, 마치 거인처럼 음산하게 계속해서 움직이고 있었다.

지구 바로 위에서 쉼 없이 움직여댔다. 그 중에 한 곳인 입구에 이르자 나는 주님께 물었다.

"이것들은 무엇인가요?"

"이것들은 지옥으로 가는 출입구들이란다. 우리도 이것들 중 하나를 통하여 지옥으로 가게 될 것이다."

즉시 우리는 그 입구들 중 하나를 통해 안으로 들어갔다. 입구 안쪽은 터널처럼 보였다. 모두 나선 모양으로 생겼다.

칠흑 같은 어둠이 엄습해 왔다. 이 어둠 속에는 숨쉬기조차 싫은 냄새로 가득차 있었다. 터널 양쪽 가에는 벽에 항상 박혀 사는 듯이 보이는 살아있는 물체가 있었다.

짙은 회색의 이 물체는 우리가 지나갈 때 같이 움직이면서 소리를 질러댔다. 외관상으로 그들은 귀신들이라는 것을 쉽게 알 수 있었다. 그 이상한 형체들은 움직일 수는 있었지만 여전히 벽에 붙어있는 상태였다. 역겨운 냄새가 그들에게서 풍겨나왔고 소름끼치는 소리로 우리를 향해 질러댔다. 때때로 그들의 윤곽이 드러나기도 했으나 더러운 안개로 덮여 있었다.

나는 "주님, 저들의 존재가 무엇입니까?"라고 물으며 주님 곁으로 바짝 달라붙었다.

주님이 말씀하셨다.
"그들은 사탄이 명령을 내릴 때마다 지상에 파견되는 더러운 귀신들이란다."

우리가 터널 안으로 더 깊이 들어가면서 그 귀신들은 우리를 조롱하며 비웃었다. 그들이 우리를 만지려고 했지만 주님의 권능 때문에 가까이 올 수가 없었다. 그곳의 공기는 오염이 되어 더러웠다. 주님이 같이 하셨기에 그러한 무서운 곳에서도 담대할 수가 있었다.

놀라운 것은 비록 영적인 상태였지만 나는 모든 감각을 그대로 가지고 있었다. 들을 수 있었고, 냄새를 맡고, 보고, 느끼고, 심지어 선악을 분별할 수가 있었다. 오히려 나의 감각이 더 민감해 있었다. 그리고 터널 안의 냄새로 인하여 속이 울렁거렸다.

우리가 터널 밑으로 더 내려 갈수록 비명소리는 더 커지기 시작했다. 어둠 속에서 고막이 찢어지는 듯한 소름끼치는 소리가 들려왔다. 갖가지 소리들로 가득차 있었다. 나는 공포와 죽음과 내 주위의 죄들을 느낄 수가 있었다.

그곳엔 내가 지금까지 맡아 본 적이 없는 역겨운 냄새들로만 가득차 있었다. 그것은 시체가 썩어가는 냄새였으며, 사방에서 풍겨 나왔다. 이 지구상에선 맡아 본 적도 없던 냄새였고 한번도 들어 본 적이 없던 절망의 소리들이었다. 곧이어 이 소리들은 죽은 영혼들의 울부짖음인 것을 알게 되었으며 지옥은 그들의 흐느끼는 소리들로 가득차 있었다.

갑자기 음산한 바람이 불었다. 번개같은 섬광이 비칠 때 벽에 있던 물체들이 드러났다. 처음에는 분명한 형체가 드러나지 않았다. 그러나 그것이 우리 앞으로 슬금슬금 기어오는 큰 뱀인 것을 알았을 때, 나는 한 발자국도 내딛을 수 없었다. 더 자세히 들여다보니, 징그러운 뱀들이 도처에 깔려 있었다.

예수님께서 나에게 말씀하셨다.

"우리는 이제 지옥의 왼편다리 쪽으로 들어가게 된단다. 너는 큰 슬픔과 애통함, 그리고 이루 형용할 수 없는 공포들을 보게 될 것이다. 네가 지금 보게 될 것들은 지구에 있는 모든 영혼들에게 경고가 될 것이다. 네가 쓸 책은 지옥갈 많은 영혼들을 구원하게 될 것이다. 네가 보는 것들은 사실이니라. 두려워말라. 내가 너와 함께 함이니라."

마침내 주님과 나는 터널의 바닥에 이르렀다. 우리는 지옥으로 한 발자국 내딛었다. 나는 할 수 있는 한 내가 본 그대로를 전하고자 한다. 예수님께서 지시하신 대로 전할 것이다.

우리 앞에는 끝이 보이지 않을 정도로 큰 장소가 있었는데 사방에 여기 저기 날아 다니는 물체가 있었다. 그곳은 신음하는 소리와 슬피 울부짖는 울음소리로 가득차 있었다. 나는 위로 희미한 빛을 볼 수 있었다. 우리는 그 빛을 향하여 걷기 시작했다. 그쪽으로 가는 길은 건조하고 가루같은 것들로 덮여 있었다. 우리는 곧 조그만 어두운 터널로 이어지는 출입구에 이르렀다.

그곳에는 이 책에 감히 기록할 수 없는 무시무시한 것들이 있었다. 지옥의 공포는 이루 말할 수 없었다. 너무 무서워서 주님이 옆에 계시지 않는 것처럼 느껴졌다.

이 글을 쓰면서 어떤 것들은 이해할 수가 없었다. 그러나 주님은 모든 것을 아시기에 내가 본 대부분의 것들을 이해시켜 주셨다.

여러분에게 경고합니다. 절대로 그곳엔 가지 마세요. 그곳은 영원한 고통과 아픔과 괴롭힘으로 가득찬 무서운 장소입니다. 여러분의 영혼은 영원토록 사는 존재입니다. 영원토록 살아갑니다. 여러분의 본질은 바로 영혼입니다. 그 영혼이 지옥에 가든지 천국에 가든지 할 것입니다.

지옥이 이 지구에 있다고 하시는 분들께!
맞습니다!
지옥은 지구 중심에 있습니다. 거기에는 밤낮으로 고통당하는 영혼들이 있습니다. 지옥엔 파티가 없습니다. 사랑도, 자비도, 쉼도 없습니다. 오로지 여러분의 상상을 초월하는 슬픔의 장소입니다.

2
지옥의 왼편다리

역겨운 냄새가 풍겨왔다. 주님께서 내게 말씀하셨다.

"지옥의 왼편다리 쪽에는 많은 불구덩이가 있단다. 이 터널이 끝나면 많은 불구덩이로 연결되어 진단다. 우리는 지옥의 왼편다리에서 조금 시간을 보내게 될 것이다.

앞으로 보게 될 것들을 잘 기억하길 바란다. 이 세상은 지옥의 실체를 꼭 알아야 한단다. 이 세상의 많은 죄인들 뿐만 아니라 내 백성들 중에서도 아직 지옥이 실존하는 것을 믿지 않으려는 이들이 있느니라.

캐더린, 너는 지옥이 실존하는 이 사실을 사람들에게 알리기 위하여 택함을 받았느니라. 지금부터 너에게 보여 줄 그 모든 것들은 다 사실이니라."

예수님께서 내게 오실 때는 해보다 더 밝은 빛으로 나타나셨다. 사람 모양의 형상이 그 빛 가운데 항상 계셨다. 때로는 그냥 사람 모양으로 나타나기도 하시고, 때로는 영의 형상으로 나타나셨다.

주님이 다시 말씀하셨다.
"캐더린, 내가 말할 때는 아버지께서 말씀하시는 거란다. 아버지와 나는 하나이니라. 무엇보다도 서로 사랑하고 서로 용서할지니라. 자, 이제 나를 따라오너라."

우리가 걸어 갈 때에 귀신들이 주님 앞에서 도망을 쳤다. 나는 "오 하나님, 오 하나님, 또 다음은 무엇입니까?" 하면서 울부짖었다.

앞에서 언급하였지만 지옥에서 내 모든 감각은 살아 있었다. 지옥에 있는 사람들의 감각도 살아 있을 때와 마찬가지로 그대로였다. 나의 감각도 마찬가지로 완벽하게 움직이고 있었다. 두려움이 어느 곳에나 베어져 나왔다. 그리고 말로 표현할 수 없는 위험들이 곳곳에 숨어 있었다. 한 발자국을 내디딜수록 점점 더 강한 두려움을 느끼게 되었다.

처음 들어오던 터널의 꼭대기에는 조그마한 유리창 모양의 출입구들이 있었다. 이 문들은 매우 빠르게 열렸다 닫혔다 하고 있었다. 귀신들은 이 문들을 통하여 밖으로 왔다 갔다 하고 있었다. 곧이어 우리는 터널 끝에 이르렀다. 나는 우리 주변에 있는 위험과 두려움으로 떨고 있었다.

나는 예수님의 보호하심에 너무나 감사했다. 심지어 지옥에서까지도 우리를 보호하시는 하나님의 능력에 대해 참으로 감사했다. 이런 보호 속에서 나는 주님이 하신 말씀을 생각했다.

'내 뜻대로 마시옵고 아버지의 뜻대로 이루어지나이다.'

나는 내 육체를 내려다 보았다. 그때 나는 처음으로 내 영혼의 모습을 보았다. 내 영혼의 모습은 지구 상에 있는 육체의 모습과 똑같았다. 다음에 무슨 일이 일어날지 궁금해졌다.

예수님과 나는 터널에서 나와 어느 한 길로 들어섰다. 길 양쪽으로는 큰 들판과도 같은 땅들이 펼쳐져 있었다. 거기에는 끝이 안보일 정도로 많은 불구덩이들이 있었다. 이 불구덩이들은 지름이 약 1.22m에 깊이 약 90cm의 그릇 모양으로 이루어져 있었다.

"이 지옥 왼편다리 쪽에는 이렇게 수없이 많은 불구덩이들이 있단다. 자 이리로 오렴, 그것들 중 몇 개를 네게 보여주리라."

나는 주님 곁에 섰다. 그리고 불구덩이들 중 한 개를 자세히 들여다 보았다. 불구덩이 안쪽 벽은 유황으로 되어 있었고, 마치 숯처럼 빨갛게 빛이 나고 있었다. 그 불구덩이 가운데에는 믿지 않고 죽어서 지옥에 온 한 영혼이 있었다.

이때 불이 밑에서부터 솟아오르더니 큰 불이 되어 그 영혼 전체를 휘감아 버렸다. 그리고 다시 수그러졌다. 이어서 곳곳에서 고통에 호소하는 영혼들의 신음소리가 흘러 나왔다.

그 불구덩이 속에 있던 영혼은 해골 속에 갇혀 있었다.

나는 주님께 외쳤다.
"나의 주님, 저들이 저 곳에서 나올 수는 없나요?"

그것은 너무나 혹독한 장면이었다. 저 사람이 내가 될 수도 있다는 생각이 들었다.
"주님, 살아있는 한 영혼이 저 곳에서 고통받는 것을 차마 볼 수가 없습니다."

그 불구덩이 속에서 흐느끼는 소리가 흘러 나왔다. 해골 모양의 사람이, "예수님 저를 불쌍히 여기소서!" 하며 흐느끼고 있었다.

"오, 주님!" 하며 나도 모르게 탄성이 나왔다. 그것은 여자의 음성이었다. 그녀를 보았을 때 나는 그녀를 불구덩이 속에서 끌어 내주고 싶었다. 그녀의 모습은 내 가슴을 찢어질 듯 아프게 했다.

더러운 회색 먼지 속에 싸여있던 해골 모양의 이 여인은 예수님께 뭐라고 이야기를 했다. 나는 놀라움 속에 그녀의 음성을 들었다. 그녀의 육체는 넝마 조각처럼 너덜너덜 뼈 위에 걸쳐져 있었다.

불이 타오를수록 썩은 육체는 바닥으로 뒹굴어져 갔다. 눈이 있던 자리는 텅 비어있어 뼈만 앙상하게 남았다. 당연히 머리카락도 다 타버리고 없었다.

작은 불이 그녀의 발에서부터 시작하여 온몸을 타고 올라가더니 큰 불로 번져갔다. 결국 이 여인은 항상 불 속에 타는 신세가 되었다. 그녀의 깊은 내부에서부터 고통과 절망의 소리가 흘러 나왔다.

"주님, 주님, 여기를 빠져 나가고 싶어요!"

그녀는 계속해서 주님을 만지려고 손을 내밀었다. 그때 예수님을 바라봤다. 그분의 얼굴엔 큰 슬픔이 드리워져 있었다. 예수님이 나에게 말씀하셨다.

"캐더린, 네가 여기에 나와 함께 있는 이유는 죄가 사망을 낳는다는 것과 지옥이 실존한다는 것을 이 세상에 알리기 위함이니라."

나는 다시 그 여인을 쳐다보았다. 수많은 구더기들이 그녀의 해골을 타고 오르고 있었다. 이 구더기들은 불에도 죽지 않았다.

"이 여인은 자기 속에 기어 다니는 수많은 구더기들을 느낄 수 있단다."

불이 다시 최고 정점에 오르면서 그녀의 살 전체를 태우기 시작할 때 나는 울부짖었다.

"하나님, 이 여인에게 자비를 베푸소서!"

이 여인은 큰 고통의 소리로 외치며 처절하게 흐느끼더니 결국 실신해 버렸다. 이 지옥에서 빠져나갈 수 있는 길은 전혀 찾아볼 수가 없었다. 나는 너무나 무서워서 작은 목소리로 주님께 여쭈었다.

"주님, 저 여인은 왜 여기에 와 있는 건가요?"
"이리로 오너라." 하고 주님께서 말씀하셨다.

우리가 걷고 있는 길은 불구덩이들 사이로 꾸불꾸불 끝없이 이어져 있었다.

죽은 영혼들의 울부짖는 소리들이 신음소리와 소름끼치는 비명소리와 더불어 사방에서 흘러 나왔다. 지옥에는 조용한 시간이란 없었다. 공기 속에는 죽은 영혼들의 소리와 썩어가는 시체 냄새로 자욱하였다.

우리는 다음 불못으로 장소를 옮겼다. 앞서 본 불못과 크기는 비슷한 듯 했다. 불못 안에는 해골 모양의 형상이 하나 있었다. 그곳에서는 "주님 저를 불쌍히 여겨 주세요!" 하며 외치는 남자의 음성이 들려왔다.

그들이 외치는 음성만 들어도 나는 그 영혼이 남자인지 여자인지 알 수가 있었다. 크게 흐느끼는 소리가 들려왔다.

"예수님 제가 잘못했습니다. 저를 용서해 주세요. 여기서 나가게 해 주세요. 당신께 빕니다. 저를 여기서 끄집어 내 주세요."

이 남자의 음성이 들릴 때 해골형상인 그의 모습은 크게 떨고 있었다. 나는 예수님을 바라 보았다. 예수님도 우시고 계셨다. 그 남자는 불구덩이 속에서 이렇게 외쳤다.

"주 예수님, 죄로 인한 고통을 이제 충분히 받지 않았나요? 제가 죽어 여기에 온지 벌써 40년이 지났습니다."

"기록되었으되 오직 의인은 믿음으로 말미암아 살리라 하였느니라. 복음을 비웃던 모든 사람들과 믿지 않는 자들이 이 지옥의 불구덩이 속으로 오게 될 것이다. 얼마나 많은 사람들이 너에게 가서 복음을 전했는지 아느냐? 그러나 너는 듣지 아니하였느니라. 너는 그들을 비웃었으며 결국 복음을 거절하였다. 비록 나는 너를 위해 십자가에서 죽었지만 너는 나를 박대했으며 너의 죄를 회개하지 아니하였느니라. 나의 아버지는 너에게 구원받을 만한 기회를 수없이 주시었다. 그러나 너는 듣지 아니하였느니라."

예수님은 말씀하시며 우셨다.

"저도 압니다 주님, 저도 알아요! 그러나 지금 이렇게 회개합니다."

그는 절규하고 있었다.

"지금은 너무 늦었다. 심판이 이미 결정되었느니라."

그 남자는 계속하여 이야기했다.
"주님, 제가 아는 사람들 중에 몇 사람이 이곳에 오게 될 것 같습니다. 그들도 마음이 강퍅하여 회개하지 않을 것입니다. 주님 간구하오니 제가 그들에게 가서 지구상에 머무는 동안 꼭 회개해야 한다고 이야기하게 하소서! 저는 그들이 이 무서운 곳에 오길 정말 원치 않습니다."

"그들에겐 설교자들과 성경 교사들과 장로들이 있단다. 모두가 복음을 위해 일하는 자들이지. 그들이 복음을 전하게 될 것이다. 또한 나를 알리려면 그밖에도 방송시설과 여러 방법들이 있느니라.

네가 이야기하는 사람들이 나를 믿고 구원받을 수 있도록 사역자들을 보냈느니라. 그들이 전하는 복음을 듣고도 만약 믿지 않는다면 죽은자가 살아서 간다 할지라도 듣지 아니하리라."

이때 이 남자는 흥분하기 시작하더니 갑자기 저주하는 말들을 퍼부어댔다. 그는 감히 입에 담을 수 없는 말들을 내뱉었다. 불이 뜨겁게 타오르자 나는 공포 속에 사로잡히게 되었다.

썩어가는 그의 육체는 계속 타오르다가 땅에 뚝 떨어졌다. 이 남자의 해골 속으로 그의 영혼이 보였다. 그 영혼은 어두운 회색 안개 색깔이었으며 뼛속에 꽉 끼어져 있었다.

나는 예수님을 향해 돌아서서 울기 시작했다.
"주님, 너무 무서워요!"
"지옥은 실제로 있으며 심판은 분명히 모든 영혼들에게 임할것이다. 이것은 너무 무서운 일들이지만 이제 시작에 불과하다. 앞으로 더 많은 것들이 전개될 것이니라. 이것을 세상에 알려야 하느니라. 지옥이 실제로 있으며 모든 남녀는 각각 자기의 죄들을 철저히 회개해야 한다고 말이다. 자, 가자. 계속 더 가야 한다."

다음 불구덩이 속에는 나이가 80세 쯤으로 보이는 체구가 작은 할머니가 앉아 있었다. 어떻게 그녀의 나이를 알 수 있었는지 설명할 순 없지만 그냥 느껴졌다. 끊임없이 솟아오르는 불길 때문에 그녀의 피부는 뼈에서 벗겨져 있었다. 남은 뼛속에는 더러운 회색으로 얼룩진 영혼만이 남아 있을 따름이었다. 불이 그 할머니를 태워갔다. 남은 것이라곤 뼈밖에 없었다. 이어서 구더기들이 기어다니기 시작했다. 그 구더기들은 불에서도 죽지 않았다.

나는 주님께 울며 이야기 했다.
"주님 너무 비참합니다. 제가 계속 이 여행을 할 수 있을지 자신이 없습니다. 제 믿음으론 감당하기 어렵습니다."
앞에 보이는 것이라고는 불구덩이 속에서 타고 있는 수많은 영혼들 뿐이었다.

"사랑하는 자여, 이것이 네가 여기있는 이유니라. 너는 지옥에 대하여 알아야 하고 이 사실을 알려야 한다. 천국은 실제로 존재한다. 지옥도 사실이니라. 자 다음으로 가자꾸나."

나는 그 할머니를 보려고 다시 뒤돌아 보았다. 너무나 슬프게 울고 있었다. 그녀는 뼈밖에 남지 않은 두 손을 모아 기도를 하고 있는 것 같았다. 나는 울지 않을 수 없었다. 비록 나는 영혼의 상태였지만 내가 울고 있는 것을 느낄 수 있었다. 지옥에 있는 다른 영혼들도 모든 감정을 그대로 가지고 있는 것을 알게 되었다.

나는 아무 말도 하지 않았지만 예수님은 나의 마음을 읽고 계셨다.

"캐더린, 맞단다. 그들도 감정을 그대로 가지고 있단다. 그들이 이 지옥으로 온다 할지라도 지구상에서처럼 똑같은 감정과 생각을 그대로 가지고 오게 되지. 그들은 그들의 가족들과 친구들을 여전히 기억하고 있다. 그들이 지구상에서 회개할 수 있는 기회들은 수 없이 많이 주어졌음에도 불구하고 회개하기를 거절하였다. 그들도 이것을 잘 알고 있느니라. 그들이 복음을 믿었더라면 늦기 전에 회개하였을 것이다."

다시 그 할머니를 쳐다보았다. 나는 이 할머니 다리가 하나밖에 없는 것을 이때서야 알 수 있었다. 엉덩이뼈 쪽에는 드릴로 뚫린 듯한 구멍들이 있었다.

"이것들이 무엇이죠, 예수님?" 하고 여쭙자, 주님은 이렇게 가르쳐 주셨다.

"캐더린, 이 여인은 지구 상에 머무는 동안 암에 걸렸었고 이로 인하여 많은 고통을 당하였다. 그녀는 살기 위하여 수술을 받았단다. 그러나 수년 동안 고통 속에서 살게 되었지. 사람들이 그녀를 위해 기도해 주고 예수께서 병을 치료한다는 것을 알려주었지만 그때마다, '하나님이 나를 이 지경으로 만드셨어.' 라고 원망하면서 회개하지 않고 복음을 거부하였느니라.

한때 이 여인은 나를 알았던 때도 있었지만, 결국에는 나를 미워하게 되었느니라. 그녀는 사람들에게 하나님이 필요 없으며 예수님이 자기를 고쳐주는 것도 원치 않는다고 말하였다. 그럼에도 나는 그녀에게 애원했으며 그녀를 돕기를, 그녀의 병이 낫기를, 그녀를 치료하기를 원하였노라. 그러나 그녀는 내게 등을 돌렸으며 나를 저주하였다. 나를 원하지 않는다고 말하였다. 그래도 나는 영으로 애원하였다.

심지어 그녀가 내게 등을 돌리고 나서도 나의 영으로 그녀를 이끌려고 하였지만 그녀는 듣지 아니 하였다. 결국 그녀는 죽게 되었고 이곳에 오게 된 것이다."

이 할머니는 예수님께 울부짖었다.

"주 예수님, 지금 저를 용서해 주세요. 지구에 머무르는 동안 회개하지 않은 것을 참으로 후회하고 있습니다."

그녀는 큰 소리로 흐느끼며 주님께 말하였다.

"너무 늦기전에 회개해야 한다면 저에게 다시 한번 기회를 주사 이곳을 나가게 해 주세요. 당신만을 섬기겠습니다. 이제 선한 일만 할 것입니다. 지금까지 받은 고통으로 충분하지 않나요? 내가 왜 늦기 전에 회개하지 않았을까요? 내가 왜 당신의 영이 나를 붙잡아 주려고 애쓰실 때 회개하지 않았을까요?"

예수님께서는 그녀에게 말씀하셨다. 얼굴에는 슬픔이 가득차 있으셨다.

"너에게는 회개하여 나를 섬길 수 있는 많은 기회들이 있었느니라."

나는 그 할머니가 우는 것을 바라보면서 주님께 여쭈었다.
"주님, 다음은 무엇을 보러 가나요?"

나는 곳곳에 퍼져있는 두려움을 느낄 수 있었다. 사방에는 슬픔, 고통의 울부짖음, 죽음의 분위기로 가득차 있었다.

예수님과 나는 비통함과 애통함 속에서 다음 불구덩이로 발길을 옮겼다. 오직 주님의 힘으로만 나는 계속 걸어 갈 수 있었다.

상당한 거리를 왔지만 회개하며 용서를 구하는 그 할머니의 울부짖음이 계속 들려왔다. 이 할머니의 사건을 통하여 내가 해야 할 한 가지 일을 깨달은 것이 있다면, '죄인들이여, 하나님의 영이 여러분을 포기할 때까지 미루지 마십시오!' 라고 전하는 것이다.

다음 불못에는 무릎을 꿇고 무엇을 찾고 있는 듯이 보이는 여인이 있었다. 그녀의 해골에는 수많은 구멍들이 있었다. 그녀의 찢어진 드레스에는 불이 타 오르고 있었다. 그녀의 머리는 대머리였으며 그녀의 눈이 있었던 자리와 코가 있었던 자리에는 큰 구멍만이 남아 있었다. 그녀가 무릎을 꿇고 있던 자리에는 작은 불이 타오르고 있었다. 그녀는 유황불에서 벗어나려고 불구덩이 벽을 손으로 할퀴며 오르고자 몸부림치고 있었다. 그녀의 손에는 불이 붙어 있었으며 그녀의 시체는 움직일수록 계속 떨어져 나가고 있었다.

그녀는 슬픈 소리로 크게 흐느끼며 주님께 애원했다.
"오 주님, 오 주님, 저는 여기를 나가고 싶어요."

그녀는 거의 불구덩이 꼭대기까지 올라와 있었다. 거의 밖으로 나올 수 있을 것 같았다. 이때 두 날개를 가진 큰 지옥사자가 그녀를 향해 힘있게 날아왔다. 이 지옥사자의 색깔은 갈색을 띤 검은색이었으며 온몸에는 털로 가득차 있었다. 크기는 그리즐리 베어(로키산맥에 사는 회색곰)정도 되었다.

그 지옥사자는 이 여인에게로 질주하더니 다시 불구덩이 속으로 힘껏 밀어 버리는 것이었다. 이 장면을 보면서 나는 너무나도 무서웠다. 이 여인이 너무 안되어 보였다. 당장이라도 그녀에게로 가서 끌어안고 하나님께서 그녀를 치료해 주실 것과 여기서 나갈 수 있도록 기도해 주고 싶었다.

예수님은 나의 생각을 알고 계셨다.

"나의 사랑하는 자여, 이미 심판은 결정 되었느니라. 하나님이 이미 이렇게 결정하셨느니라. 그녀의 어린 시절부터 그녀가 회개하며, 나를 섬기도록 수없이 불렀단다. 그녀 나이 16세 때 나는 그녀에게 다가가서 말을 하였다.

'너를 사랑한단다. 너의 생명을 나에게 주지 않겠니? 나를 따르라. 너를 아주 특별한 사역에 쓰기를 원한단다.' 라고 불렀지만 그녀는 듣지 아니하고 이렇게 말하였단다.

'언젠가는 당신을 섬기겠어요. 그러나 지금은 시간이 없답니다. 정말 시간이 안 됩니다. 제 인생엔 너무나 재미있는 것이 많이 있어요. 오늘은 예수님을 섬길만한 시간이 안 되는군요. 내일 섬길께요.' 라고 했으나 내일은 결코 돌아오지 아니 하였느니라."

그 여인은 예수님께 울부짖었다.

"내 영혼이 심한 고통중에 있습니다. 나갈 수 있는 길은 아무데도 없어요. 저는 주님보다는 이 세상을 더 원했어요. 부와 명예와 그리고 복을 더 원했어요. 그리고 그것을 얻었습니다. 내가 원하는 것이라면 무엇이든 살 수 있었어요. 내가 내 인생의 주인이 되었습니다. 나는 내 시대 가장 예쁘고 옷 잘 입는 여자였어요.

비록 부 riches, 명예 fame, 그리고 복 fortune을 얻었지만 그것들을 이곳으로까지 가져올 순 없었어요. 오, 주님 이 지옥은 너무 잔인합니다. 밤이나 낮이나 쉼을 얻을 수가 없습니다. 나는 언제나 고문과 고통 속에서 지냅니다. 주님, 제발 도와 주세요."

이 여인은 너무나 애처롭게 예수님을 쳐다 보면서 말했다.

"나의 사랑하는 주님, 제가 그때 당신의 말씀을 들었더라면! 나는 그때를 영원토록 후회합니다. 내가 준비가 되었을 때 언젠가는 당신을 섬길 수 있으리라고 생각했습니다. 항상 당신이 나를 위하여 그곳에 계실 줄만 알았어요. 그러나 내가 얼마나 어리석었는지요! 나는 그때 당시 미모에 대해서 둘째가라면 서러울 정도였어요. 그때에도 하나님은 내가 회개하도록 부르시고 계셨어요. 내 모든 인생을 통하여 하나님은 사랑의 끈으로 나를 이끌고 계셨어요. 다른 사람들을 내 마음대로 부릴 수 있었던 것처럼 하나님마저도 내 마음대로 할 수 있을 줄 알았어요. 내가 원하면 하나님은 언제나 나를 위하여 대기하고 계실 줄 알았습니다.

나는 하나님을 이용하려고만 했어요. 비록 하나님이 필요 없다고 생각할 때도 하나님은 계속해서 내가 하나님을 섬기도록 메시지를 보내 오셨어요. 내가 얼마나 어리석었는지요!

사탄은 나를 이용하기 시작했어요. 나는 사탄을 점점 더 섬기게 되었습니다. 드디어 하나님보다 사탄을 더 좋아하기에 이르렀어요. 급기야는 죄짓는 것을 사랑하게 되었으며 하나님께로 돌아가지 않았어요.

사탄은 나의 미모와 돈을 이용했어요. 사탄이 한없이 내게 능력을 줄 수 있을 줄 알았어요. 심지어 그때에도 하나님은 내게 손을 내미시며 이끌고 계셨지만 나는 내일, 내일하며 미루기만 해 왔습니다. 어느 날 차를 타고 가는데 내 운전사가 그만 남의 집을 받아버린 것입니다. 나는 그 자리에서 죽고 말았지요. 주님, 제발 이곳을 나가게 해 주세요."

그녀는 울부 짖으며 불구덩이 속에서 불 속에 휩싸인 채로 주님을 잡으려고 뼈만 남은 손과 팔을 주님을 향해 내밀었다.

"심판은 이미 끝났단다."

우리가 다음 불구덩이로 갈 때에 주님의 볼에는 눈물이 흘러 내리고 있었다.

나는 지옥의 공포 때문에 흐느끼고 있었다.
"사랑하는 주님, 이곳의 고통은 너무나 비참하군요. 이곳은 정말 소망도, 생명도, 사랑도 없는 곳이군요. 지옥은 너무나 생생하기만 합니다."

이곳에서 빠져나갈 곳이라곤 전혀 없었다. 그녀는 이 불구덩이 속에서 영원토록 타면서 고생해야만 한다.

예수님이 말씀하셨다.
"시간이 다 되었구나. 내일 다시 오자꾸나."

친구여, 만일 당신이 죄악 중에 거하고 있다면 지금 회개하세요. 비록 전에는 거듭났었지만 지금은 하나님께 등을 돌리고 있다면 회개하고 다시 하나님께로 돌아오세요. 진리를 위하여 살아가세요. 너무 늦기 전에 깨어나세요. 당신도 주님과 함께 저 천국에서 영원토록 살 수 있답니다!

예수님께서 다시 말씀하셨다.

"지옥은 마치 사람의 육체와 같은 모양을 하고 있단다. 지구의 중심부에 등을 기대고 누워있는 모습이다. 그러나 그것은 매우 크며, 여러 개의 방으로 나뉘어져 있단다. 지옥의 몸통은 지구 속에 파묻혀 있으며 팔과 다리는 지구 밖으로 크게 뻗어나간 모습이지. 지옥은 사람이 많아질수록 점점 커지고 있단다.

이 지구상에 있는 모든 사람들에게 너는 지옥이 실존함을 알려야 한단다. 수백만의 잃어버린 영혼들이 여기에 와 있단다. 매일 더 많은 영혼들이 여기로 오고 있느니라.

대심판의 그날에 죽음과 지옥이 불못 The Lake of Fire 속으로 던져지리라. 이것이 둘째 사망이니라."

3
지옥의 오른편다리

나는 지옥을 본 이후로 제대로 잠을 자거나 먹을 수가 없었다. 매일 지옥을 회상하게 되었다. 눈을 감았을 때에도 지옥의 모습들만 떠올랐다. 지옥에서 고통받는 영혼들의 울부짖는 소리가 귀에서 맴도는 것 같았다. 텔레비전을 한번 보고 나면 그 인상이 사라지지 않는 것처럼 지옥에서 보았던 것들을 자꾸 회상하게 되었다. 매일 나는 지옥에 갔다 왔다. 그리고 본 것들을 사람들에게 제대로 표현하여 전달하고자 노력하였다.

예수님이 다시 내게 나타나서서 말씀하셨다.
"캐더린, 오늘 밤에는 지옥의 오른편다리 쪽으로 가야한다. 무서워하지 말아라. 내가 너를 사랑하며 너와 함께 하느니라."

주님의 얼굴에는 슬픔이 있었지만 눈에는 다정함과 깊은 사랑으로 가득차 있었다. 비록 지옥에 있는 영혼들은 잃어버렸지만 주님은 그들을 여전히 사랑하고 계신 것을 알 수 있었다.

"캐더린, 우리 하나님 아버지께서는 우리 각자에게 의지를 주셔서 하나님을 섬길 것인지 사탄을 섬길 것인지를 선택하게 하셨느니라. 하나님께서 그의 백성들을 위하여 지옥을 만드신 것은 아니다. 사탄은 속이는 영적 존재이며 지옥은 바로 이 사탄과 그를 따르던 천사들을 가두기 위하여 만들어졌느니라. 그 누구든지 멸망하는 것은 나의 뜻도 하나님의 뜻도 아니란다."

예수님께서 말씀하실 때 뺨에는 긍휼의 눈물이 흘러 내리셨다.

"앞으로 지옥을 네게 더 보여 줄 때 내가 하는 말들을 명심하기 바란다. 나는 땅과 하늘의 권세를 다 가지고 있단다. 앞으로 너와 동행할 때에 때론 내가 너를 떠났다고 느낄 수도 있을 것이다. 그러나 실상은 떠난 것이 아니란다. 때로는 우리의 모습이 저 지옥에 있는 사자들과 사람들에게 보일 때도 있을 것이다.

그러나 대부분은 그들에게 우리의 모습이 노출되지 않느니라. 어디로 가든지 평안할 것이며 나를 따르는 것을 무서워하지 말지니라."

우리는 다시 함께 지옥을 향해 떠났다. 나는 울면서 주님 뒤에 꼭 붙어서 따라갔다.

수일 동안 나는 울고 있었다. 전에 내 앞에 나타났던 지옥의 모습들이 떠나지 않았다. 나는 속으로 울고 있었으며 내 영혼은 깊은 슬픔에 빠져 있었다.

우리는 지옥의 오른편다리 쪽에 도착하였다. 앞으로 길게 이어지는 길은 건조하고 타버린 것처럼 보였다. 공기는 탁하여 뿌옇게 되었고 비명소리로 가득차 있었으며, 죽음의 냄새들이 사방에 깔려 있었다.

때로 냄새가 얼마나 역겨웠던지 구토가 올라올 뻔 하였다. 사방에는 어둠이 깔려 있었으며 보이는 빛이라곤 불구덩이에서 나오는 빛과 예수님에게서 나오는 영광의 빛 뿐이었다. 불구덩이 속에서 나오는 빛들은 곳곳에 흩어져 있었고 끝이 보이질 않았다.

갑자기 갖가지 종류의 지옥사자들이 우리들을 지나쳐 어

디론가 가고 있었다. 작은 종류의 지옥사자들이 우리 곁을 지나갈 때는 으르렁 거리기도 하였다. 지옥사자들은 크기와 모양이 달랐으며 서로 말을 주고 받았다.

우리 앞쪽에 저 멀리서 굉장히 커 보이는 물체가 있었는데 대장인 듯하였다. 그것은 작은 지옥사자들에게 명령을 내리고 있었다. 우리는 그들이 하는 말들을 듣기 위하여 잠깐 멈추어 섰다.

예수님이 말씀하셨다.
"저기에는 또한 보이지는 않지만 병을 일으키는 귀신들도 있단다."

그들 중에 덩치가 제일 큰 대장이 졸개들에게 명령을 내리는 소리가 들렸다.
"가라! 할 수 있는 한 많은 악한 일들을 하라. 가서 각 가정들을 파괴하고 믿음이 약한 크리스천들을 미혹하여 잘못된 길로 가도록 인도하고 가르쳐라. 그리하고 돌아오면 너희들에게 상을 주겠노라. 그러나 명심할 것이 있다. 진짜로 예수를 구세주로 영접한 놈들을 특별히 조심하여야 한다. 그들은 너희들을 쫓아 낼 수 있는 신기한 능력들이 있다.

자, 지금부터 지구로 가라! 거기에는 이미 파견된 너희 동지들이 벌써 자리를 잡고 있다. 필요하다면 지원군들을 나중에 더 파견해 주겠다. 명심하기 바란다. 너희들은 공중의 권세 잡은 자, 어둠의 주관자인 왕자님의 충실한 신복들임을 말이다."

이 말이 끝나자마자 악의 영들은 위로 올라가서 지구 쪽으로 향해 가기 시작했다. 지옥의 오른편다리의 제일 윗쪽에는 문들이 있었는데 이 문들이 빠르게 닫혔다 열렸다 하며 이 악한 영들을 지구 쪽으로 뿜어내고 있었다. 또한 우리가 들어왔던 터널 쪽으로도 빠져 나가고 있었다.

내가 본 지옥사자들의 모습은 천차만별이었다. 명령을 내리며 대장으로 보이던 것은 매우 덩치가 컸다. 아마 그리즐리 베어가 완전히 성장했을 때쯤 되어 보였다. 색깔은 밤색이었으며, 머리는 박쥐 모양으로 생겼고 눈은 움푹 패어져 있었다. 팔에는 털들이 무성하며 얼굴 전체에도 털들로 덮여 있었는데 큰 송곳니들이 나와있었다.

어떤 악한 영은 원숭이처럼 긴 팔을 갖고 있었고, 역시 털로 덮여져 있었다. 얼굴은 매우 작았으며 코는 오똑 튀어나와 있었고 눈은 보이지 않았다. 또 다른 것들은 머리가 컸으며 귀도 컸다. 그리고 긴 꼬리가 달렸으며 어떤 것은 말처럼 꼬리가 크고 피부가 매끈한 것도 있었다. 이 지옥사자들에게서 풍겨 나오는 냄새와 그들을 보는 것 만으로도 나는 속이 울렁거려 토할 것 같았다. 이러한 악의 영들은 이곳 어디에서든지 자리잡고 있었다. 주님께서는 내게 대장으로 보이는 악령이 사탄에게서 직접 명령을 받고 있다고 일러 주셨다.

예수님과 나는 다음 불구덩이가 나올 때까지 계속 길을 따라 내려갔다. 들리는 것은 고통으로 신음하는 소리들, 도저히 지울래야 지울 수 없는 소리들 뿐이었다. 나는 마음 속으로 '주님, 다음은 어떤 차례가 우릴 기다리는지요.' 하며 묵묵히 나아갔다.

우리는 몇몇 악의 영들 사이로 지나갔지만 그들은 우리를 보지 못하는 듯 하였다. 어느덧 불과 유황이 타고 있는 한 못에 도착하였다. 체구가 커 보이는 한 남자가 설교를 하고 있었다. 너무나 놀라서 나도 모르게 주님을 쳐다 보았다.
이럴때마다 주님은 항상 먼저 내 생각을 읽고 계셨기 때문에 주님께서 말씀하셨다.
"이 남자는 지구에 있을 때, 복음을 전파하는 설교자였다. 한 때는 나를 잘 섬기며 진리를 전파하였었지."

나는 왜 이 남자가 지옥에 있어야 하는지 이해가 안 되었다. 키는 183cm정도로 보였으며 그의 해골 모습은 더러웠고

묘비 색깔처럼 회색으로 보였다.

다 떨어지고 해진 옷들은 너덜너덜 걸려 있었다. 어떻게 그의 옷들이 뜨거운 불길에도 타버리지 않고 남아 있는지 이해가 되지 않았다. 육체는 뜨거운 불길에 타고 있었으며 뼈들도 불길에 휩싸여 있었다. 타면서 나는 냄새는 너무 역겨워 참기 어려웠다.

이 남자는 손에 한 권의 책을 든 시늉을 하고 있었다. 그 책을 성경책으로 생각하는지 설교하기 전에 본문을 읽는 것처럼 읽어 내려갔다. 나는 이때 주님이 미리 일러 주셨던 말씀이 생각났다.

'여기 지옥에서도 지구에서 가졌던 감각들을 그대로 가지고 있느니라. 오히려 이곳에선 몇 배 더 강하게 느껴진단다.'

그 남자는 성경을 계속 읽어나가는 듯이 보였다. 그가 나쁘게 보이지는 않았다. 예수님께서 사랑이 담긴 목소리로 접근하셨다.

"평강이 있을지어다."

즉시 이 남자는 말하는 것을 멈추고 주님 쪽으로 몸을 돌렸다. 해골밖에 남지 않은 뼛속으로 이 남자의 영혼의 모습이 보였다. 그는 주님께 말을 하기 시작했다.

"주님, 저는 모든 사람들에게 알릴 것입니다. 저는 저 지구에 가서 지옥에 대하여 사람들에게 이야기할 준비가 다 되어 있습니다. 제가 지구에 있을 때는 지옥이 있음을 믿지 않았습니다. 주님이 다시 재림하실 것도 믿지 않았습니다. 왜냐하면 사람들이 원하지 않았기 때문입니다. 나는 교회 사람들에게 왜곡된 진리만을 전했습니다.

나는 피부 색깔이 다른 사람들이나 다른 인종을 싫어했습니다. 나는 많은 사람들이 당신에게서 멀어져가도록 유도하기도 했습니다. 내 나름대로의 천국을 설정해 놓고 어느 것이 옳고 그른지를 내 마음대로 결정했습니다. 이렇게 하여 많은 사람들을 그릇된 곳으로 이끌었고 거룩한 하나님의 말씀을 너무나 많이 왜곡시켰습니다. 가난한 자들에게서 돈을 취하기도 했습니다.

주님 저를 나가게 해 주세요. 이제 선하게 살 것입니다. 교회에서 함부로 돈을 취하지 않겠습니다. 전 이미 회개했습니다. 이제 인종차별도 하지 않을 것입니다."

"너는 하나님의 말씀을 왜곡하고 잘못 가르쳤을 뿐만 아니라 알지도 못하면서 아는 척, 거짓말도 많이 하였느니라.

하나님의 말씀을 사랑하는 것보다 이 세상 재미를 더 사랑했느니라. 나는 그런 너를 방문하여 돌이킬 것을 권고했으나 듣지 아니 하였다. 너는 네가 하고 싶은대로 살지 않았더냐. 사탄이 너의 주인이 아니었더냐. 너는 진리를 알고 있었으나 회개하고 내게로 돌아오지 아니하였느니라. 그러나 나는 항상 네 곁에 있었고 돌아올 때까지 기다리고 있었다. 네가 회개하길 바라면서 말이다. 그러나 너는 끝까지 듣지 않았다. 이미 심판은 끝이 났느니라."

예수님의 얼굴에는 동정이 가득차 있었다. 만약 주님의 부르심에 조금이라도 순종했더라면, 그는 여기에 오지 않았을 것이다.

이 책을 읽는 분들이여, 부디 그분의 음성에 귀 기울이시길 간절히 바랍니다.

예수님은 다시 그 남자를 향해 이르셨다.
"너는 사람들에게 진실을 이야기 했어야 했다. 만약 네가 지옥은 실존하며, 믿지 않는 자는 불과 유황으로 타고 있는 이 지옥으로 온다는 사실을 말했더라면 많은 사람들을 바른 길로 인도할 수 있었을 것이다.
너는 십자가의 도를 알고 있었다. 너는 의의 도를 알고 있었다. 진리를 이야기 해야 하는 것도 알고 있었다.

그러나 사탄은 네 마음 속을 거짓으로 가득 채웠으며 너는 죄의 길로 따라 갔느니라. 그때 너는 대강 회개해서는 아니되었고, 진실로 철저하게 회개했어야 했다.

내 말은 사실이니라. 내 말엔 거짓이 없느니라. 그러나 지금은 너에겐 너무 늦었도다."

주님께서 말씀하실 때 그 남자는 예수님께로 향하여 주먹을 쥐며 저주를 퍼붓기 시작했다.

예수님과 나는 애석해하며 다음 장소로 발길을 옮겼다. 그 남자는 아직도 분히 여기며 예수님을 저주하고 있었다. 우리가 불구덩이들 사이로 지날 때마다 뼈다귀밖에 남지 않은 손들이 예수님을 만지려고 하였다. 그들은 간절히 자비를 구하고 있었다.

뼈밖에 남지 않은 그들의 팔과 손은 불에 타서 검은 회색을 띠고 있었으며 살점이나 피 한방울 조차도 남아있지 않았다. 나는 속으로 흐느끼면서 생각하였다.

'오 지구에 있는 자들이여, 부디 회개하시길 바랍니다. 만약 회개하지 않는다면 당신도 여기 올 수 있다는 것을 알아야 합니다. 너무 늦기전에……'

우리는 다른 불구덩이 앞에서 멈추었다.

나는 이 지옥에 있는 자들 때문에 너무나 마음이 아팠다. 그들로 인한 슬픔 때문에 몸이 너무 약해져서 제대로 서 있을수도 없었다. 나는 크게 흐느끼면서 주님께 아뢰었다.

"예수님, 저는 너무 마음이 아픕니다."

멈추어선 불구덩이에서 여자의 목소리가 흘러 나왔다. 이 여자는 불꽃 한 가운데 서 있었다. 불들이 그녀를 타고 올라갔다. 그녀의 뼛속에는 썩어가는 것들과 구더기들로 가득차 있었다. 불길이 그녀를 타고 올라가자 고통 속에서 주님께 손을 내밀며 말하였다.

"제발 여기서 나가게 해 주세요. 이제 예수님께 제 마음을 드릴게요. 다른 이들에게 죄 사함에 대하여 이야기할께요. 당신을 증거할 것입니다. 제발 빕니다. 저를 이곳에서 나가게 해 주세요!"

예수님께서는 이 말씀을 해 주셨다.

"내 말은 참이니라. 장차 다가올 환난을 피하려거든 모든 사람은 회개하고 죄에서 돌이키고 내가 그들의 삶 가운데 있도록 영접해야 할 것이니라. 나의 보혈을 통해서만 죄 사함이 있도다. 나는 신실하며 공의로우니라. 나에게 오는 자는 다 용서할 것이며 그들을 절대로 쫓아내지 아니하리라."

그리고 주님은 여인을 향해 몸을 돌리시고는 말씀하셨다.

"만약 네가 나의 말을 듣고 나에게 와서 회개하였더라면 나는 너를 용서하였을 것이다."

그 여인이 "주님 이제 다른 방법은 없나요?"라고 여쭈었다.

주님이 부드럽게 이르셨다.

"여인이여 나는 너에게 회개할 많은 기회들을 주었다. 그러나 너는 마음을 굳게 하고 회개하지 않았느니라. 간음하는 자는 누구든지 이곳 불못에 온다는 것을 너는 말씀으로 알고 있었잖느냐."

예수님께서 나를 향하여 서시더니 말씀하셨다.

"이 여인은 많은 남자들과 잠자리를 같이 하였었다. 이로 인하여 많은 가정이 깨어졌지. 그러나 나는 여전히 그녀를 사랑하였느니라. 그녀에게 갈때마다 심판을 가지고 간 것이 아니라 구원을 가지고 갔었단다. 그녀가 회개하고 돌아오기를 기대하며 나의 많은 종들을 보냈었다. 그러나 그녀는 회개하지 않았다.

그녀가 젊었을 때도 계속 불렀지만 계속 악한 일을 하였느니라. 아무리 죄를 많이 지었다 할지라도 회개하기만 하였더라면 나는 그녀의 죄를 용서하였을 것이다. 그러나 결국은 사탄이 그녀에게 들어갔고 그녀는 점점 비참해졌으며 다른 이들을 용서하지 아니 하였느니라.

그녀는 남자들을 만나기 위해 교회에 갔으며 그들을 만나면 유혹하였다. 그녀가 내게 와서 회개만 하였더라도 그녀의 모든 죄는 나의 보혈로 모두 깨끗함을 받을 수 있었다.

그녀는 반절만 나를 따랐느니라. 하나님과 사탄을 동시에 섬길 순 없다. 누구를 섬길지를 양단간에 결정해야만 한다."

"주님, 계속 걸을 수 있도록 저에게 힘을 주세요."라고 주님께 아뢸 때, 나는 지옥의 공포로 인하여 머리끝에서 발끝까지 떨고 있었다.

"평강이 네게 있을지어다!"
"주님, 저를 도와 주세요. 사탄은 우리들이 지옥의 참 모습을 알기를 원치 않는 것 같아요. 지금까지 수많은 악몽을 꾸어 왔지만 이 지옥만큼은 아니었어요. 사랑하는 주님, 언제 이 여행이 끝나는지요?"

"사랑하는 자여, 오직 아버지만 아시느니라. 평강이 있을지어다."라고 말씀하실 때 나는 새힘이 내게 임하는 것을 느꼈다.

예수님과 나는 계속 불못 사이를 걸었다.

마음 같아선 불못 속에 있는 그들을 다 끌어 내주고 싶었다. 나는 속으로 한없이 울었다. 절대로 내 자녀들은 이곳에 오게 해서는 안된다고 다짐해 보았다.

마침내 예수님은 내게로 향하시며 조용하게 말씀하셨다.
"사랑하는 자여, 이제 네 집으로 갈 시간이다. 내일 저녁에 다시 오자꾸나."

집으로 돌아와서 나는 울고 또 울었다. 낮 시간 동안 나는 지옥에 대한 생각들과 그곳에서 고통당하는 사람들에 대한 생각을 지워버릴 수가 없었다. 그래서 나는 만나는 사람들에게 지옥에 대하여 이야기하지 않을 수 없었다. 그들에게 지옥에서 당하는 고통이 얼마나 무서운 것인가를 이야기하였다.

이 책을 읽으시는 분들이여.
부탁합니다. 모든 죄를 반드시 회개하셔야 합니다.
예수님을 부르세요. 그분을 구주로 영접하세요. 바로 오늘 그분을 부르시기 바랍니다. 내일까지 기다리지 마세요. 시간은 빠르게 흘러가고 있습니다. 무릎을 꿇고 기도하세요. 죄 사함을 받으시기 바랍니다.

모든 사람에게 선을 행하세요. 예수님 때문에 서로를 용납하시고 용서하시기 바랍니다.

다른 사람이 여러분께 죄를 지어도 용서해 주세요. 화를 내는 것은 하나님의 의를 이루지 못하는 것입니다. 예수님이 여러분을 용서하신 것처럼 서로를 용서해 주세요. 항상 우리가 회개하는 마음으로 살아갈 때 예수님은 우리를 도와주시는 것입니다. 주 예수의 보혈이 항상 우리를 모든 죄에서 깨끗하게 하십니다. 여러분의 이웃을, 여러분의 자녀를 내 몸처럼 사랑하시기 바랍니다. 모든 교회의 주가 되시는 주님이 말씀하십니다.

"회개하라. 그리하면 구원을 얻으리라."

4
수많은 불구덩이

다음날 저녁 예수님과 나는 다시 지옥의 오른편다리 쪽으로 갔다. 여전히 변함없으신 주님의 사랑을 느낄 수 있었다. 나에 대한 주님의 사랑 뿐 아니라 지구상에 있는 모든 사람에 대한 주님의 사랑도 느낄 수 있었다.

"캐더린, 누구든지 멸망하는 것은 아버지의 뜻이 아니란다. 사탄은 사람들을 미혹하고 있단다. 그리고 많은 사람들이 사탄을 따르고 있느니라. 그러나 하나님은 그들을 용서하시는 분이시다. 하나님은 사랑의 하나님이시기에 진실로 아버지께 와서 회개한다면 언제든지 용서하시느니라."

말씀하시는 예수님의 얼굴에는 한없는 부드러움으로 가득차 있었다.

다시 우리는 불구덩이 가운데로 걸어가며 그곳에서 고통당하는 수많은 사람들을 보았다. 그들이 고통당하는 것을 바라보며 속으로 '주님, 주님' 의지하며 계속하여 지옥 불에서 고통당하는 자들을 바라보며 걸어 나아갔다.

계속 가고 있는데 불에 타고 있던 손이 갑자기 예수님 앞으로 다가왔다. 살이 있어야 할 그 자리는 불에 타고 있었으며 남은 살들은 넝마 조각처럼 뼈에 매달려서 회색 재를 날리며 타고 있었다. 뼈만 남은 온 해골 속에는 뿌연 회색 안개로 둘러싸인 형태로 영혼이 들어 있었다.

그들의 울부짖는 소리만으로도 그들이 불과 지옥 구더기들과 고통과 절망 속에서 얼마나 괴로워 하는지를 느낄 수 있었다. 그들의 울음소리들은 내 심정을 비탄에 잠기게 하였다. 그들이 조금이라도 하나님의 말씀에 귀 기울였더라면 여기에 오진 않았을 것이다.

지옥에 있는 그들도 우리와 똑같은 감각을 가지고 있었다. 그들은 과거 모든 것을 다 기억하고 있었다. 한번 지옥에 들어 오면 다시는 나갈 수 없는 것도 알고 있었다. 희망이라

곧 전혀 없는 자들이었지만 막연한 희망을 가지고 주님께 자비를 구하고 있었다.

우리는 한 구덩이에서 멈추었다. 다른 어느 불구덩이와 다를 바가 없었다. 거기에는 한 여자가 있었는데 목소리로 성별을 구별할 수 있었다. 그녀는 이 불길 속에서 나가게 해 달라고 주님께 울부짖고 있었다.

주님은 사랑의 모습으로 그녀를 쳐다보시며 말씀하셨다.

"네가 지구상에 있을 때에 내게 오라고 수없이 너를 불렀단다. 때가 늦기전에 내게 돌아 오라고 네게 애원했었지. 내가 너를 사랑한다는 것을 알리기 위해 밤 자정시간에 너를 방문하곤 했었단다. 사랑했기에 너를 달래기도 하였고 나의 영으로 너를 이끌었었지.

그때마다 너는 내게 이르기를, '네, 주님. 주님을 따르렵니다.' 하였었다. 입술로는 나를 사랑한다고 말하였으나 네 가슴은 내게서 멀었느니라. 네 마음이 어디에 가 있었는지 나는 알고 있단다. 내게 돌아와 회개하라고 네게 이르기 위해 나의 사자들을 종종 네게 보내곤 하였었지. 그러나 내 말을 듣지 아니하였느니라. 나는 네가 복음사역에 뛰어들어 다른 이들을 내게로 돌아오게 하는데 쓰임 받기를 원하였단다. 그러나 너는 나보다는 이 세상을 더 좋아하였다. 내가 너를 불렀으나 너는 듣지 않았고 심지어 회개도 하지 않았단다."

이 여자가 입을 열었다.

"주님, 내가 어떻게 교회를 다녔으며 얼마나 착했는지 기억나지 않으세요? 얼마나 교회생활에 잘 적응했으며 바로 당신 교회의 한 멤버가 아니었나요. 내 삶에 주님의 부르심이 있음을 알았어요. 그리고 그 부르심에 순종해야 된다는 것도 알고 있었어요. 또 그렇게 했구요."

"여인이여 너는 여전히 거짓말과 죄들로 가득차 있구나. 내가 너를 불렀지만 너는 듣지 않았단다. 물론 너는 교회 멤버중에 하나였었지. 그러나 멤버가 되었다고 해서 천국에 가는 것은 아니란다. 너의 죄는 너무 많았지만 너는 회개하지 않았느니라.

너는 많은 사람들을 넘어지게 하였었지. 그들이 너에게 상처를 주었다고 해서 너는 그들을 용서하지 않았다. 믿는 자들 앞에서는 사랑하는 척 섬기는 척 하였지만 그들이 없는 곳에서는 거짓말하고 속이고 도둑질 하였느니라. 미혹의 영에 빠져서 이중인격의 삶을 살아가지 않았더냐. 물론 어떤 길이 바른 길이고 좁은 길인 줄을 알았음에도 말이다.

그리고 너는 이중혀를 가지고 있었느니라. 예수 안에서 형제와 자매라고 불렀지만 그들이 안 보이는 곳에서는 심하게 판단하고 그들보다 네 자신이 더 낫다고 하지 않았느냐. 여전히 네 속에 죄로 가득차 있었음에도 말이다. 너는 나의 경고의 말을 무시하였단다. 믿음의 초보자들의 행동을 함부로 판단하고 사람들을 외모로만 판단하였느니라. 그때 너는 너무 냉정하였느니라.

입술로만 나를 사랑한다고 하였으며 너의 마음은 내게서 너무 멀리 있었단다. 너는 무엇이 주님의 길인지를 알고 있었느니라. 하나님을 너의 목적을 위해서만 이용하였었지. 하나님은 그것을 다 알고 계셨느니라. 진심으로 하나님을 섬겼더라면 지금 여기엔 오지 않았을 것이다. 하나님과 사탄을 동시에 섬길 수 없느니라."

주님이 말씀하셨다. 그리고 주님이 내게로 몸을 돌리시며 말을 이어가셨다.

"캐더린, 마지막 말세에는 많은 이들이 믿음에서 떠날 것이다. 미혹의 영들에 속아서 죄를 섬길 것이다. 그러나 그들에게 떠나서 구별되어야 한다. 그들이 가는 길을 걸어선 안 된단다."

우리가 걸어갈 때 이 여인은 예수님을 향해 저주하고 욕하기 시작했다. 그녀는 소리를 고래고래 지르며 분노 속에 울고 있었다. 우리는 계속해서 걸어갔다. 나는 몸이 너무 약해져 있었다.

다음 불못에는 뼈밖에 남지 않은 해골의 사람이 있었다. 그 사람 앞에 도착하기도 전에 악취가 심하게 풍겨 나왔다. 모양은 다른 사람들과 다름이 없었다. 이 영혼이 무엇을 하였기에 여기에 왔는지 궁금했다.

지옥은 영원히 고통을 당하는 장소였다. 일순간만 존재하는 곳이 아니고 영원토록 고생하는 곳이다. 나는 이곳에서 수많은 영혼들의 흐느끼는 소리들을 들을 수 있었다.

한 여인이 주님과 대화하는 소리가 들렸다. 그녀는 하나님의 말씀을 인용하고 있었다.

주님께 여쭈었다.
"사랑하는 주님, 이 여인은 여기서 무얼하고 있지요?"
"들어 보아라."

"예수님만이 길이요, 진리요, 생명입니다. 예수님으로 말미암지 않고는 어느 누구도 아버지께로 갈 수 없습니다. 예수님은 이 세상의 빛이십니다. 예수님께로 가세요. 그분이 구원하십니다."
그녀가 말하자 지옥에 있는 많은 영혼들이 그녀의 말에 귀 기울였다.

"정말 여기서도 희망이 있는 거예요?"

"예수님, 도와 주세요."

어떤 이들은 그만하라고 말리는가 하면 다른 이들은 구원을 요청하기도 하였다.

나는 무슨 일이 여기에서 일어나고 있는지 알 수 없었다. 왜 이 여인이 여기에서 전도하고 있는지 알 수 없었다. 이런 나의 생각을 예수님은 다 읽고 계셨다.

"캐더린, 나는 이 여인이 30세가 되었을 때 복음을 증거하고 내 증인이 되도록 그녀를 불렀단다. 나는 나의 한 지체안에서 여러 가지 목적으로 여러 종류의 사람들을 부르느니라. 그러나 남자든, 여자든, 소년이든, 소녀든간에 이런 부르심에 따르지 아니하면 나는 떠날 수밖에 없단다.

이 여인은 나의 이런 부르심에 응답하였었지. 그리고 하나님을 아는 지식에서 자라갔으며 나의 음성도 듣게 되었고 나를 위하여 많은 좋은 일도 하였단다. 그녀는 하나님의 말씀공부도 하였으며 때론 기도도 하여 응답도 받았단다. 많은 사람들에게 거룩에 대하여 가르쳤고 그녀의 가정생활도 충실하였느니라.

이렇게 수년이 지난 어느 날 그녀의 남편이 다른 여자와 관계를 맺게 된 것을 알게 되었지. 남편이 와서 그녀에게 용서를 구했지만 그녀는 마음을 굳게 닫았을 뿐 전혀 용서할 생각도 가정을 다시 구할 생각도 하지 않았느니라. 물론 그녀의 남편이 잘한 것은 아니다. 무시무시한 죄를 범한 것이다.

그러나 그녀는 하나님의 말씀을 아는 사람이 아니더냐. 용서하라는 하나님의 말씀도 알았었다. 일곱 번을 일흔 번씩 잘못해도 용서해야 된다는 것도 알고 있었느니라. 남편은 그녀에게 용서를 구했었지. 그녀는 용서하지 않았느니라. 대신에 분노가 그녀의 가슴에 깊이 뿌리 잡히게 되고 그 마음은 점점 자라나갔단다. 그녀는 기도로 그것을 내게 맡기지 못하고 점점 심해져 속으로 이렇게 이야기 하곤 했다.

'하나님 저는 이렇게 하나님을 항상 섬기고 삽니다. 그러나 나의 남편은 다른 여자와 놀아나고 있습니다. 저렇게 하는 것이 옳은 일이라고 생각하십니까? 하며 내게 말하곤 했었지.

내가 대답하기를 '그것은 옳은 일이 아니란다. 그러나 그가 네게 와서 회개하고 다신 안 그런다고 하지 않았니. 네 자신을 돌아 보아라. 이 일이 일어난 것은 너 때문인 것을 알 수 있을 것이다.' 라고 타일렀다. 이렇게 시간은 흘러갔지만 그녀는 내게 기도하지도 않았고 점점 말씀도 읽지 아니하였느니라.

그녀의 분노는 점점 커져서 남편에게 뿐 아니라 주변 사람들에게까지 신경질적으로 변해 갔느니라. 성경을 인용하기 좋아했던 그녀는 성경 말씀대로 그를 용서하지 아니 하였단다. 그녀는 나의 말을 듣지 않았으며 그녀의 증오심은 더욱 커져 갔단다. 급기야 사랑이 있어야 할 자리에 살인의 마음이 자리 잡아 버렸다.

드디어 어느 날 분노 속에서 그녀의 남편과 남편의 여자 친구를 죽이고 말았지. 사탄은 그녀를 완전히 사로잡고 말았다. 마침내 그녀는 스스로 목숨을 끊고 말았단다."

나는 스스로 그리스도를 포기하고 저주의 길로 들어선 그 여인을 다시 한번 쳐다 보았다.

그녀는 주님께 아뢰었다.
"주님, 이제 그 사람을 정말 용서할 것입니다. 저를 나가게 해 주세요. 이제 당신께 순종하겠습니다. 주님 보세요. 저는 이렇게 복음을 이곳 가운데서 증거하고 있잖습니까. 조금 있으면 지옥사자들이 나를 데리고 가서 더 심하게 고문할 것입니다. 그 고문은 수시간 동안 이어질 것입니다. 내가 이곳 지옥에서 복음을 증거했다고 나를 괴롭히는 것입니다. 주님 제발, 제가 이곳에서 나가게 해 주세요."

나는 그 여인과 같이 한없이 울었다. 그리고 내가 저 여인이 범한 죄를 짓지 않게 해 달라고 주님께 부탁드렸다.

"오 주 예수님, 저의 심령에는 저런 증오가 없게 하소서!"
"자 이제 계속 가자꾸나." 하며 주님께서 인도하셨다.

다음 불구덩이 속에는 한 남자가 자리잡고 있었다. 그 남자는 주님께 소리를 질렀다.
"주님, 제가 왜 여기에 와 있는 겁니까?"
"평안하고 잠잠할지어다. 네가 왜 여기에 왔는지 네가 알지 않느냐."
"제발, 저를 이곳에서 나가게 해 주세요. 이제 착하게 살겠습니다." 하며 이 남자는 애원하였다.

주님이 그에게 이르셨다.
"아직도 여기서조차 거짓말을 하고 있구나."

예수님께서 내게로 향하셔서 말씀하셨다.
"이 남자가 여기 지옥에 온 나이는 23세 때였다. 그는 복음에 불순종하였기에 여기에 온 것이니라. 그는 여러 차례 하나님의 말씀을 들었으며 가끔씩 교회에도 출석하였단다. 나는 나의 영으로 그를 구원의 길로 이끌려고 노력하였지만 세상의 정욕을 더 좋아 하였느니라. 그는 술 마시는 것을 좋아했으며 나의 부르심에는 귀 기울이지 않았단다. 그는 교회에서 양육 받으며 성장했으나 한번도 내게 헌신하지 않았지.

하루는 내게 말하기를, '예수님, 언젠가는 제 삶을 당신께 완전히 드리겠습니다.' 라고 하였지만 그날은 결코 돌아오지 않았단다.

어느 날 밤 파티를 마치고 집에 돌아오는 길에 사고를 당하여 차가 바닥에 완전히 눌리고 그는 그 사이에서 죽고 말았단다. 사탄은 그를 끝까지 속이고 말았단다.

그는 그 자리에서 즉사했다. 그는 나의 부름에 귀 기울이지 않았느니라. 그와 함께 차를 타고 가던 이들도 그 자리에서 즉사하였단다. 사탄이 와서 죽이고 도둑질하고 멸망시킨 것이다. 이 젊은이가 내 말을 듣기만 했었더라도 좋았을 것을!

멸망하는 것은 아버지의 뜻이 아니니라. 사탄은 이 젊은이의 영혼을 원했었지. 그리고 사탄은 이 젊은이의 죄악과 술 마시는 것과 운전 부주의를 통하여 그를 멸망시킨 것이다. 많은 가정들과 귀한 생명들이 매년 알콜 때문에 파괴되어 가느니라."

예수님께서 내게 이런 교훈을 주셨다.

"만약 사람들이 이 세상의 정욕과 욕망은 순간적인 것임을 깨닫고 주 예수께로 돌아온다면 주님께서는 아무리 심한 알콜 중독이라도 치료할 수 있으시단다. 주 예수를 부르라.

그리하면 그가 너희를 들으실 것이요. 너희를 도우실 것이니라. 그가 너희의 친구가 되어주실 것이니라. 그는 항상 너희를 사랑하고 계시며 너희 죄를 사하시는 능력이 있음을 명심할지니라.

결혼한 그리도인들이여, 주 예수가 경고하노라. 너희는 간음하지 말지니라. 실제로 간음하지 아니하였다 할지라도 마음 속으로 음란한 마음을 품는 것도 간음한 것이니라.

젊은이들이여, 마약과 성적(性的)으로 범죄하는 것을 피하라. 만약 죄를 지었을지라도 하나님께선 용서하실 것이다. 아직 시간이 있을 때 그를 부르라. 믿음이 강한 어른들을 찾으라. 그들을 찾아서 너희의 문제를 상의할 수 있으면 해야 한다. 너무 늦기전에 회개하며 이 지구상에서 문제를 해결하는 것이 훨씬 나을 것이다.

사탄은 때론 이 세상을 미혹하기 위해 광명의 천사로 가장하느니라. 비록 그는 하나님의 말씀을 알고 있었지만 이 세상에 있는 죄들이 이 청년에게는 보암직하게 보였느니라.
그는 '파티 한번 가서 즐기는것 정도는 괜찮아!' 라고 생각하였단다. 그러나 죽음에는 자비가 없단다. 그는 너무 오래 미루었느니라."

나는 그 청년의 영혼을 들여다 보았다. 그리고 나의 자녀들을 생각했다.

"하나님, 그들이 지금 당신을 제대로 섬기고 있는지요!"

지금 이 글을 읽고 있는 분들에게는 아마도 사랑하는 사람들이 다 있을 것입니다. 그 사랑의 대상이 여러분의 자녀일 수도 있습니다. 여러분은 그들이 결코 지옥에 가는 것을 원치 않을 것입니다. 때가 너무 늦기 전에 그들에게 예수님에 대하여 이야기하시기 바랍니다. 그들에게 이르십시오. 너무 늦기전에 그들의 죄를 회개하라고 말입니다. 그리고 하나님만이 그들의 죄를 용서하시며 거룩하게 하신다고 말입니다.

그 청년의 울음소리는 그 후로도 몇일 동안 내 머리 속에서 메아리쳤다. 그가 후회하는 소리를 결코 잊지 못할 것이다. 살점들이 뼈에 매달려서 불에 타는 모습을 나는 지금도 기억한다. 썩어져 가는 육체, 그리고 시체의 썩는 냄새, 눈은 어디로 사라지고 뼈만 남은 구멍들, 뼛속에 갇혀있는 죽은 잿빛 색깔의 영혼, 그리고 뼈 사이사이를 기어 다니는 불에도 타지 않는 지옥 구더기들을 잊을 수가 없다. 우리가 다음 장소로 발길을 옮길 때 이 젊은이는 예수님을 향해 손을 내밀며 애원하고 있었다.

"주님 저에게 계속 걸을 수 있는 힘을 주세요."
나는 기도를 드렸다.

절망 가운데 울고 있는 여인의 울음소리가 흘러 나왔다. 죽은 영혼들의 흐느끼는 소리는 사방에서 흘러 나왔다. 우리는 그 여인이 있는 불구덩이로 가까이 갔다. 그녀는 불구덩이에서 나가게 해 달라고 예수님께 간절히 애원하고 있었다.

"주님, 지금까지 있는 기간으로도 충분하지 않나요? 여기에서 겪는 고통은 정말 참을 수가 없어요. 주님, 제발 여기를 나가게 해 주세요!"

그녀는 온몸을 움직이며 흐느끼고 있었다. 목소리에는 심한 고통이 담겨 있었다. 그녀가 크게 괴로워하는 것을 알 수 있었다.

주님께 여쭈었다.
"예수님, 그녀를 도울 수는 없을까요?"

그러자 주님은 여인에게 말씀하셨다.
"네가 지구상에 있는 동안 얼마나 많이 내게 돌아오라고 너를 불렀더냐. 마음을 내게로 열고 다른 이들을 용서하고, 바른일을 하며, 죄를 짓지 말라고 얼마나 애원하였더냐.
심지어 자정에도 너를 찾아가 내게로 이끌려고 하지 않았더냐. 입술로는 나를 사랑한다고 하였었지. 그러나 너의 마음은 다른 데로 가 있었느니라. 하나님 앞에는 모든 숨겼던 것들이 다 들어나느니라. 너는 다른 사람들을 우롱하였느니라. 그러나 나만은 우롱하지 아니 하였기에 나의 종들을 보내서 회개하라고 메시지를 보내지 아니하였더냐. 그러나 너는 듣지 않았지. 나의 종들에게 화를 내며 돌아서 버렸지. 나는 네가 복음을 들을 수 있는 곳으로도 인도하지 않았더냐. 그러나 끝내 내 말을 듣지 않았느니라.

네가 하는 행동들에 대해선 전혀 회개하거나 후회하는 빛이 없었느니라. 너의 마음은 굳어져서 끝내 내게서 등을 돌렸느니라. 너는 이렇게 낙오되었고 여기 와 있구나. 너는 그때 내 말을 들어야 했느니라."

이때 그녀는 예수님을 쳐다 보더니 예수님을 향해 욕을 하고 하나님을 저주하기 시작했다. 나는 그 순간 악의 영들이 그녀 주위에서 강하게 역사하는 것을 느꼈다. 저주하고 욕하고 있는 것들은 바로 그녀 주위에 있는 악의 영들이었다.

아, 이 지옥에서 영원토록 낙오되는 것이 얼마나 슬픈 일인가!

마귀를 대적하세요. 그리하면 하나님께서 여러분들의 피할 바위가 되어 주실 것입니다.

"이 세상과 세상에 있는 것들은 다 지나갈 것이나 나의 말은 영원토록 있느니라."

5
공포의 터널

　나는 지금까지 지옥에 대하여 들었던 설교들을 기억해 보았다. 그러나 주님이 나에게 보여 주신 지옥의 모습들보다 더 끔직한 지옥의 모습을 생각해 본 적이 없는 것 같다.
　지옥은 우리가 상상할 수조차 없는 무서운 장소이다. 지옥에 가는 영혼들이 그 무서운 고통을 영원토록 당하며 살아간다고 생각할 때 몸에 전율이 일어난다. 일단 지옥은 들어가면 빠져 나갈만한 구멍을 찾아 볼 수가 없는 곳이다.
　이 무서운 공포로부터 영혼을 구하는 일이라면 나의 온 힘을 다 동원하리라 다짐해 본다. 나는 만나는 자들에게 복음을 증거해야 한다. 왜냐하면 지옥은 정말 끔찍한 장소이기 때문이다. 이것은 거짓말이 아니다.

만약 누구든지 죄를 회개하지도 아니하고 복음을 받아들이지도 않는다면 그들은 틀림없이 이 지옥에 오게 될 것이다.

주 예수를 믿으세요. 당신을 죄에서 구원하시도록 그분을 부르세요. 요한복음 3장에서 14장까지 읽어 보세요. 그리고 이 책을 처음부터 끝까지 읽어 보시기 바랍니다. 지옥에 대하여 더 잘 이해할 수 있을 것입니다. 읽으시면서 예수님이 여러분의 심령 속에 오시어서 모든 죄를 다 사해 주시도록 기도하시기 바랍니다.

왜냐하면 시간은 여러분을 기다려주지 않기 때문입니다.

예수님과 나는 계속 지옥을 걸어 나갔다. 예수님과 같이 걷는 길은 불로 타 있었고, 메마르고 갈라져 있었으며 황무지와 같았다. 옆으로 널려져 있는 수많은 불구덩이들을 내려다 보았다.

나는 너무 피곤했다. 나의 심령은 지금까지 보았던 것과 들었던 것들 때문에 갈기 갈기 찢어져 있었다. 그리고 아직도 가야 할 길은 멀기만 하였다.

"예수님, 계속 걸어갈 수 있도록 힘을 주세요." 하며 주님께 간구하였다.

나는 주님 뒤에 바짝 붙으며 따라갔다. 지금까지 보았던 것들 때문에 나는 너무 슬펐다. '과연 내가 지옥에서 보았던 것들을 사람들이 믿어 줄 수 있을까? 하며 속으로 의아해 하기도 했다.

오른쪽, 왼쪽, 그리고 뒤쪽도 쳐다 보았다. 끝이없이 이어지는 불구덩이들 뿐이었다. 걸어가면서 때론 불길에 휩싸이기도 했으며 그 속에 있는 영혼들이 나를 잡으려고도 하였다. 그때마다 나는 무서움 속에서 울었다. 내가 보고 있는 공포와 현실들은 나로선 도저히 감당할 수가 없었다.

"오 지구에 있는 이들이여, 제발 회개하시기 바랍니다!" 하며 외쳤다. 예수님을 따라가면서도 나는 흐느끼고 있었다.
다음에는 무엇이 이어질까? 마음 속에서는 가족들과 친구들이 생각났다. 그들은 지금 무엇을 하고 있을까? 나는 그들을 얼마나 사랑했던가!
내가 예수를 믿기 전에 얼마나 많은 죄를 지었는지 한번 생각해 보았다. 때가 늦기 전에 내가 예수를 믿게 된 것이 하나님께 그렇게 감사할 수가 없었다.

주님이 말씀하셨다.
"이제 터널이 나온단다. 이 터널은 지옥의 배 부위로 연결

되어 있느니라. 지옥은 지구 제일 깊숙이 있는 뜨거운 핵을 등에 대고 누워있는 사람의 육체 모양과 같단다. 그리고 두 팔과 두 발은 지구밖으로 크게 뻗어 나와 있단다.

우리 믿는 자들이 모여 그리스도의 지체 Christ-Body를 이루듯이 지옥도 믿지 않는 자들이 모여 죄와 죽음의 지체를 이루고 있다. 그리스도의 지체가 매일 커 가는 것처럼, 지옥의 지체 Hell-Body도 매일 커져 가느니라."

그 터널을 향해 걸어 갈 때, 저주받은 영혼들의 울음소리와 신음하는 소리가 내 귀에 울려왔다. 많은 영혼들이 예수님을 불렀다. 어떤 이들은 불구덩이에서 나와 예수님께로 오려고 하였지만 모두 허사였다. '너무 늦었어요! 너무 늦었어요!' 하며 나는 안타깝게 속으로 외치고 있었다.

예수님의 얼굴에도 슬픔이 잠겨 있었다. 나는 지옥의 불을 쳐다 보면서 대장간에서 타오르는 시뻘건 숯불을 생각해 보았다. 지옥의 불은 마치 이와 같았다.

터널을 들어가면서 나는 그저 감사할 따름이었다. 이 터널은 저 불구덩이들 보다는 훨씬 나으리라고 생각했기 때문이다. 그러나 내가 얼마나 잘못 생각하고 있었는지!

들어서자마자 엄청나게 큰 뱀들과 큰 박쥐들, 그리고 악의 영들이 보이기 시작했다. 그들 모두가 주님 앞에서는 달아나고 있었다. 그 뱀들은 우리를 향해 혀를 날름거렸으며 박쥐들은 찍찍 소리를 내고 있었다. 사방은 악의 소리들로 가득차 있었다. 그 주변에는 독사들과 어두운 그림자가 짙게 드리워 있었다. 터널 안에 있는 빛이라고는 예수님의 영광의 빛 뿐이었다. 나는 가능한 한 예수님 옆에 꼭 붙어 있었다.

저승사자들은 이 터널 안쪽에 우글우글 거렸다. 그들은 바삐 터널을 오르락내리락 통과하고 있었다. 나중에 알고 보니 그들은 사탄의 일을 이루려고 지구로 향해 오가는 중이었다.

예수님께서는 어두컴컴하고, 축축하며, 더러운 이 터널을 통과하면서 무서워하는 나를 바라보시며 말씀하셨다.
"두려워 말아라. 곧 터널 끝이 나온단다. 이 터널은 꼭 통과해야 하는 과정이란다. 자, 나를 따라오렴!"

거인같이 큰 뱀이 우리 앞을 슬그머니 미끄러져 지나 가고 있었다. 뱀들 중에 어떤 것은 몸통이 1.22m, 길이가 7.6m 정도 되었다. 침침하고 쾨쾨한 공기가 진동했으며 악의 영들은 사방에 깔려 있었다.

"우리는 곧 지옥의 배 부위에 도달할 것이다. 지옥의 이 장소는 긴 튜브를 세워 둔 모양인데 둘레가 5,000m이며 높이가 27,000m란다."

예수님이 내게 정확한 수치를 말씀하셨다.

주님!

나는 보고 들은 것 전부를 최대한 사실 그대로 글로 옮겨 놓고 싶습니다. 이 글이 아버지의 영광과 아들의 영광과 성령님의 영광을 위해 쓰여지길 원합니다. 이 글을 통해 하나님의 뜻이 이루어지길 원합니다.

예수님께서 이 모든 것을 보여 주시는 이유는 내가 먼저 이것을 보고 이 세상에 있는 모든 남녀에게 알려서 그들이 지옥에 오지 못하도록 막기 위함입니다.

사랑하는 여러분, 만약 이 책을 읽으시는 분들 중에 예수님을 아직 구주로 영접하지 않은 분이 계시다면 읽는 것을 잠깐 중단하시고 여러분의 죄를 회개하시기 바랍니다. 그리고 예수님을 여러분의 구세주로 영접하세요.

6

지옥에서의 활동

우리는 앞에 있는 노란색의 침침한 빛을 볼 수 있었다. 예수님과 나는 공포의 터널을 지나 어느덧 지옥의 배 부위를 한 눈에 볼 수 있는 난간에 도달했다. 끝이 안 보일 정도로 넓은 지옥의 중앙에서는 바쁘게 활동들이 전개되고 있었다.

우리는 멈춰섰다. 그리고 예수님이 말씀하셨다.

"캐더린, 이제 나와 함께 지옥의 배 부위를 지나게 될 것이다. 여기에서 너에게 많은 것을 보여 주겠다. 자, 나를 따라오렴."

우리는 계속 앞을 향해 걸어 나아갔다.

"앞으로는 많은 무서움들이 도사리고 있을 것이다. 이것은 사람들의 상상 속에서 일어나는 것이 아니다. 앞으로 보게 될 것들은 사실이란다. 너의 글을 읽을 사람들에게 악령의 세력은 허구가 아닌 실제임을 알려 주어라. 사탄은 실존하며 어둠의 권능들도 실제로 존재 한단다. 그러나 이들 때문에 겁을 먹거나 좌절할 필요는 없다는 것도 알려야 한다."

> 내 이름으로 일컫는 내 백성이 그들의 악한 길에서 떠나 스스로 낮추고 기도하여 내 얼굴을 찾으면 내가 하늘에서 듣고 그들의 죄를 사하고 그들의 땅을 고칠지라 (대하 7:14)

"천국이 실존하는 것처럼 지옥도 실존하느니라."

하나님은 여러분이 지옥에 대하여 알기를 원하십니다. 그리고 여러분을 지옥행에서 구원하기를 원하십니다. 구원의 그 길은 바로 우리의 구원자가 되시는 예수 그리스도 이십니다. 오직 어린 양의 생명책 The Lamb's Book of Life에 이름이 기록된 자만 구원을 받을 것입니다.

우리는 지옥의 배 부위에서의 첫 활동에 들어갔다. 우리가 첫 번째로 방문한 곳은 지옥의 배 부위 오른쪽 지역이었으며 어둡고 구석진 작은 언덕 위였다.

"때때로 이곳에서는 너 혼자 있다고 느낄 때가 있을 것이다. 그러나 나는 결코 네 곁을 떠나지 않으리라. 나는 하늘과 땅의 모든 권능을 가지고 있는 것을 기억하라. 나는 악의 영들이 우리를 보지 못하게 할 수도 있고, 어디에 있는지 알 수 없게 할 수도 있단다. 두려워 말라. 지금부터 보는 것들은 모두 사실이니라. 이 모든 것들은 지금 지옥에서 일어나고 있으며 죽음과 지옥이 불못에 던져질 때까지 계속될 것이니라."

주님이 말씀하셨을 때 나는 그 말씀들을 마음에 새겨 두었다.

독자 여러분 당신의 이름이 지금 어린 양의 생명책에 기록되어 있는지 스스로 돌아보시기 바랍니다.

나는 고통 속에서 괴로워하는 영혼들의 목소리와 신음소리들을 바로 앞에서 들을 수 있었다. 우리는 작은 언덕으로 올라가서 아래를 내려다 보았다. 빛이 밝게 빛나고 있어서 나는 또렷하게 볼 수 있었다. 한번도 들어 본 적이 없는 울부짖는 소리가 온 공기를 진동시키고 있었다. 그 소리는 어떤 남자의 부르짖음이었다.

"캐더린, 내 말에 귀 기울이기 바란다. 지금 네가 듣고 보는 것들은 모두 사실이니라. 특히 복음을 전파하는 사역자들은 명심해야 하느니라. 왜냐하면 지금 여기에서 일어나는 사건들은 모두 사실이기 때문이다.

전도자들이여, 설교자들이여, 나의 말을 가르치는 교사들이여, 주 예수 그리스도의 복음 사역에 참여하고 있는 모든 자들이여, 깨어 있으라. 만약 죄를 범하거든 회개해야 하느니라. 그렇지 않으면 모두 멸망할 것이니라."

4.5m정도를 더 걸어갔다. 박스 box처럼 생긴 물체 주위에 검은 옷차림을 한 사람들이 떼를 지어 빙빙 돌고 있는 것이 보였다. 더 자세히 들여다 보니 그 박스는 시체를 담는 관이었으며 그 주변을 돌고 있는 자들은 저승사자들이었다. 그것은 진짜 관 coffin이었으며 주변에 있는 자들은 12명의 지옥사자들이었다. 그들은 자기들끼리 이야기를 나누며 낄낄거렸다.

그들은 각각 끝이 뾰쪽한 창을 가지고 다녔다. 그들은 관 속으로 뚫린 작은 구멍들을 통하여 안에 있는 사람을 사정없이 찌르고 있었다. 공기 중에 공포의 전율이 흘렀다. 나는 너무 무서워서 나도 모르는 사이에 몸을 떨고 있었다.

예수님은 이런 나의 생각을 이미 읽고 계셨다.

"캐더린, 여기에는 많은 영혼들이 갖가지 모양으로 고통을 당하고 있단다. 한 때 복음을 증거하다가 타락했거나 하나님의 부르심에 불순종한 자들은 더 큰 심판을 받고 있느니라."

고통 중에 울부짖는 소리가 얼마나 처절했던지 내 가슴이 찢어지는 듯 하였다. "이젠 절망이야, 이젠 끝났어!" 하며 그는 소리쳤다. 절망의 목소리가 관 속에서 흘러 나왔다. 그것은 끝없이 이어지는 후회의 비참한 목소리였다.

"오, 너무 끔찍합니다!" 하는 소리가 내 입에서 나왔다.
"자 이리로 오렴, 더 가까이 가서 살펴 보자꾸나."

주님이 먼저 앞장 서시며 다가 가시더니 관 속을 들여다 보셨다. 나도 주님을 따라가서 같이 안을 들여다 보았다. 관 주위에 둘러있는 악령들은 우리를 못보는 것 같았다.

더러운 회색 안개가 그 안에 꽉 차 있었다. 거기에는 한 남자의 영혼이 들어 있었다. 내가 계속 지켜보고 있는데도 악의 영들은 그들의 날카로운 창 spear으로 관 속에 있는 남자를 사정없이 찌르고 있었다.

이 남자가 고통당하는 장면을 나는 기억 속에서 지울 수가 없었다. 나는 예수님께 울면서 애원하였다.

"주님, 그를 나가게 할 수 없을까요? 제발 그를 내보내 주세요."

그 영혼이 고통당하는 모습을 차마 눈 뜨고 볼 수 없었다. 그 영혼이 자유로울 수만 있다면……. 나는 예수님의 손을 끌면서 이 남자가 관 속에서 나올 수 있도록 더 사정하고 싶었다.

"캐더린, 잠잠하며 평안할지니라."하며 예수님이 말씀하실 때 관 속에 있는 남자는 우리가 있는 것을 알게 되었다. 그리고 주님께 사정하기 시작했다.

"주님, 주님, 저를 내보내 주세요. 제게 자비를 베푸소서."

아래를 내려다 보니 관 속은 피로 뒤범벅이 되어 있었다. 내 눈 앞에는 한 영혼이 누워 있었으나, 그 영혼 속에는 육체의 것과 똑같은 심장 heart이 박동하고 있었다.

그리고 뻥 뚫린 심장 구멍 속에서 쏟아진 피들이 사방으로 분출하고 있었다. 악령들이 창으로 그 영혼을 찔러 댈 때마다 그의 심장은 갈기갈기 찢겨져 나가고 있었다.

"주님, 이젠 주님만 섬길 것입니다. 제발 저를 이곳에서 나가게 해 주세요."하며 그는 주님께 사정하였다. 악령들이 그를 창으로 찔러 댈 때마다 그는 고통에 시달리고 있었다.

"그의 고통은 낮이나 밤이나 쉬지 않고 계속 되느니라. 그를 이 관 속에 집어넣은 이는 바로 사탄이다. 그리고 사탄이 그에게 이런 고통을 가하고 있단다."

그는 다시 애원하였다.
"주님, 이제 나가면 참 복음을 전하겠습니다. 죄와 지옥에 대해서도 말할것입니다. 제발 저를 이곳에서 나가게 해주세요."

주님께서 내게 말씀하셨다.
"이 남자는 전에 하나님의 말씀을 전파하는 설교자였다. 한 때 그는 온 힘으로 나를 섬기며 많은 영혼들을 구원의 길로 인도했었지. 그를 통하여 변화된 자들 중에는 지금 여전히 나를 섬기는 자들도 있단다. 그러나 수년이 지난 후 이 남자는 육체의 정욕과 물질의 욕심에 이끌려 끝내 타락하고 말았단다.

결국은 사탄에게 완전히 사로 잡히고 말았다. 그는 큰 교회를 담임하였고 비싼 차에 많은 사례를 교회에서 받았단다. 그러면서도 그는 교회 헌금을 도둑질하기 시작했다. 거짓을 가르쳤고 설교할 때에도 반은 거짓말 half-lies이요, 반만 진실 half-truths이었다. 그는 내가 끼어들 만한 틈을 주지 않았다.

나는 그가 회개하고 진리만을 전하도록 나의 종들을 그에게 보냈지만 그는 듣지 않았느니라. 하나님을 위해 살아가는 삶보다는 인생을 즐기며 사는 정욕적인 삶을 더 좋아했단다. 그는 성경 이외의 것을 가르치면 안 되는 것도 알고 있었다.

그러나 그는 죽기 전에, 성령받는 것 The Holy Spirit baptism 은 거짓이며 성령을 받았다고 하는 자들을 향해 위선자들이라고 비난했었다.

그리고 그는 술주정뱅이라도 천국에 갈 수 있고 회개하지 않고도 천국에 갈 수 있다고 주장했느니라.

그는 하나님은 그 누구라도 지옥에 보내지 않으신다고 주장했다. 왜냐하면 하나님은 너무나 좋으신 분이시기에 지옥에 사람들을 보내는 그런 일들은 안하신다고 했다. 그는 많은 믿는자들을 주님의 은혜에서 떨어지게 만들었다. 그리고 하나님과 자기 사이에 다른 중보자는 필요없다고 하면서 마치 자기가 그 위치에 있는 척 행세 하였느니라. 그는 이 그릇된 이론을 가르치기 위해 세미나를 개최했단다.

그는 하나님의 거룩한 말씀을 철저하게 발 밑에 짓밟았느니라. 그럼에도 나는 그를 여전히 사랑하였단다. 캐더린, 나를 알고 섬기다가 나중에 내게 등을 돌리는 것보다 차라리 처음부터 아예 나를 몰랐던 편이 훨씬 나으니라."

나는 주님께 울며 아뢰었다.

"그가 주님께 조금이라도 순종했었더라면, 자기 영혼을

돌보고 다른 사람들의 영혼을 생각했더라면, 여기 오지 않았을 텐데요."

"그는 내 말에 귀 기울이지 않았단다. 심지어 그를 불렀을 때도 못 들은 척 하였느니라. 그는 이 세상 삶을 너무 좋아했다. 나는 그가 회개하고 나에게 돌아오도록 부르고 또 불렀다. 그러나 그는 끝내 돌아오지 아니하였느니라.

어느 날 그는 누군가에 의해 살해되었고 즉시 이 지옥에 오게 되었다. 지옥에 도착하자 사탄은 기다렸다는 듯이 그가 과거에 복음을 증거하고 천국으로 영혼들을 구했다는 이유로 학대를 가하기 시작했다. 지금 본 이 고통이 바로 그것이니라."

지옥사자들은 계속해서 관 주위를 돌고 있었다. 그 남자의 심장은 뛰고 있었고 시뻘건 피가 그 심장에서 흘러 내리고 있었다. 나는 그가 시련과 고통 속에서 울부짖던 소리를 잊을 수 없었다.

예수님은 관 속에 있는 남자를 불쌍히 내려다 보시며 말씀하셨다.

"잃어버린 많은 영혼들의 피값이 이 남자의 손에 다 있느니라. 그들 중 다수는 지옥에서 같이 고통을 당하고 있단다."

우리는 슬픈 마음으로 계속 앞을 향해 걸어갔다.

우리가 자리를 뜨려고 할 때, 이 남자의 관으로 또 다른 그룹의 지옥사자들이 올라왔다. 그들은 키가 91cm정도 되었으며 모두 검은 도포를 입었고 검은색의 갓을 머리에 쓰고 있었다. 그들은 관 속에 있는 남자를 쉬지 않고 고문하기 위하여 교대로 올라오고 있었다.

때론 자존심 때문에 우리는 실수를 인정하지 않고 회개하지 않는 경우들을 본다. 겸손하게 낮아져서 회개하기를 꺼릴 때도 있다. 마치 우리가 한 일이 다 옳은 것처럼 생각할 수도 있다. 이렇게 생각하는 영혼들이여, 지옥은 실존하는 장소입니다. 제발 그곳만은 가선 안됩니다.

예수님은 나에게 지구만한 시계를 보여 주셨다. 이 시계는 지구 어디서나 볼 수 있었다. 시계가 돌아가는 소리가 들려왔다. 시침 the hour hand 은 거의 12시를 가르키고 있었다. 분침 the minute hand 은 빠르게 돌아가다가 12시 3분전에서 멈추었다. 그리고 12시를 향하여 움직이고 있었다. 시계가 움직일 때 그 소리는 너무나 커서 온 지구를 가득 채워버리는 것 같았다.

하나님께서는 나팔을 부는 것처럼 말씀하셨다. 그의 목소리는 많은 물이 흘러가는 소리와도 같았다.

"성령이 교회들에게 하시는 말씀을 들을지어다. 예비하고 있으라. 전혀 생각지 않는 시간에 내가 다시 오리라. 시계가 12시 정각이 되면 신랑은 신부를 데리러 올 것이니라."

당신은 그리스도의 재림에 대한 준비가 되었는지요?
"오 주님, 오늘은 안 됩니다!"라고 외치는 부류가 되길 원하십니까? 아니면 주를 부르며 구원을 받으시겠습니까?

오늘 바로 당신의 마음을 주님께 드릴 수 있는지요? 오늘 주님의 이름을 부르며 여러분의 죄를 회개하기만 하면 예수님은 바로 당신을 모든 악에서 구원하실 수 있습니다.

너무 시간이 늦기 전에 여러분의 가족과 사랑하는 자들이 그리스도께 나오도록 기도하시기 바랍니다.

예수님의 말씀에 귀 기울여 보세요.
"나는 너희를 악에서 구원할 것이니라. 너의 행하는 모든 길을 지켜 주리라. 너를 구원하고 너의 사랑하는 자들을 구원할 것이니라. 오늘 나를 부르라. 그리하면 살리라."

한없는 눈물을 흘리며 이 책을 읽는 모든 분들이 예수 믿으시기를 기도합니다.

지옥은 영원한 장소입니다. 나는 내가 보고 들은 것을 하나도 빠뜨리지 아니하고 최선을 다해 여기에 적으려고 노력했습니다. 여기에 있는 내용들은 모두 사실입니다.

이제 다음 페이지들을 읽으시면서 여러분이 회개하며 예수님을 개인의 구주로 영접하는 역사가 이루어지시길 기도합니다.

주님의 음성이 들려왔다.

"자, 이제 집으로 돌아가자. 내일 다시 오자꾸나."

7
지옥의 배 부위

　다음날 밤 예수님과 나는 다시 지옥으로 갔다. 처음 우리가 들어선 곳은 막힘없이 넓게 펼쳐진 곳이었다. 수많은 지옥사자들의 활동이 벌어지고 있었다. 이 모든 활동은 우리를 중심으로 하여 일어나고 있었다. 우리가 서 있는 곳으로부터 불과 3m밖에 안 되는 거리에서 아주 이상한 일이 일어나고 있었다.

　수많은 종류의 무서운 지옥사자들이 한 곳만을 부지런히 들어가고 나오고 있었다. 공포영화 속에서나 보는듯한 장면이었다. 그들이 집중 공격하고 있는 장소에는 수많은 영혼들이 고통 중에 괴로워 하고 있었다. 마귀와 그를 따르는 타락한 천사들이 이 일을 하고 있었다. 어두컴컴한 이곳은 고통 속에서 괴로워하며 절망하고 있는 영혼들의 비명소리로 가득차 있었다.

"캐더린, 사탄은 지구상에선 사람들을 속이는 자요, 이 지옥에선 영혼들을 괴롭히는 가해자니라. 여기있는 마귀의 세력들은 지구상에 있는 자들을 해하고 괴롭히고 속이기 위하여 지구로 파견되기도 한단다.
이제 너에게 지금까지 한번도 본 적이 없는 것들을 아주 자세하게 보여 주겠다. 그중에 어떤 것들은 지금 일어나고 있는 사건들이며 어떤 것들은 앞으로 일어날 것이니라."

나는 다시 앞을 바라 보았다. 앞에 보이는 땅은 엷은 황토빛이었으며, 생명체라고는 하나도 없었고 잔디나 풀 한 포기조차 찾아 볼 수 없었다. 보이는 모든 것들은 죽어가고 있거나 이미 죽어 있었다.
몇몇 장소는 춥고 축축하였으며 또 다른 장소들은 덥고 건조하였다. 각 장소에는 쓰레기 냄새, 마구간 냄새, 그리고 퀴퀴한 곰팡이 냄새가 났으며 시체가 썩는 냄새와 살이 불에 타는 냄새들로 가득하였다.

예수님이 내게 말씀하셨다.

"사탄은 하나님의 사람들을 속이기 위해 덫과 유혹을 사용한단다. 지옥을 여행하는 동안 마귀의 교활하고 음흉한 방법이 무엇인지를 보여 주겠다."

우리는 얼마 안 가서 앞에 있는 어둡고 검은 빛의 불길한 물체를 보게 되었다. 그 물체는 스스로 수축 팽창하며 위 아래로 움직였다. 한번 수축 팽창할 때마다 지금까지 맡아보지 못했던 악취가 풍겨나며 지옥 공기를 꽉 채웠다.

되도록 내가 보았던 그대로 최선을 다해 묘사해 보겠다. 그 크고 매달려 있는 검은색 물체는 스스로 계속 수축 팽창하며 악취를 풍겨낼 때마다 검은색의 뿔들이 이 물체에서 나와 지구로 뻗어가고 있었다. 나는 그 움직이는 검은색 물체가 하나뿐인 지옥의 큰 심장인 것과 그 심장으로 들어가는 입구가 아주 많이 있음도 알게 되었다. 무서운 예감이 나를 스쳐 지나갔다.

나의 생각을 읽으시는 예수님께서 이르셨다.

"두려워하지 말라. 이것은 지옥의 심장부니라. 나중에 그곳에 들어가 보기로 하고, 우선 지옥 감방들이 모여 있는 곳으로 가자꾸나."

지옥의 배 부위에 위치한 지옥 교도소는 둥근 원통 안에 있었다. 이 교도소의 높이는 27,000m정도 되었다. 나는 위를 올려다 보았다. 그리고 교도소와 지옥의 배 부위 사이에 옅은 황토색의 구덩이 ditch가 있음을 알았다. 구덩이의 깊이는 2m정도 되는 것 같았다. 이 구덩이를 어떻게 건너갈까 잠깐 망설이던 중에 구덩이 위로 뻗어있는 난간을 발견하였다. 이 난간에 올라가니 그곳은 교도소 주위를 돌 수 있는 통로로써 또한 지옥의 중심 부위를 내려다 볼 수 있는 요새지로써도 적합했다.

"지금 보는 것들은 사실이며 조금도 과장이 없느니라. 사망과 지옥도 언젠가는 불못에 던지우게 될 것이다. 그때까지는 지옥은 이곳에 있게 될 것이다. 그리고 그때까지 영혼들을 각 감방 속에 가두고 고통과 괴로움을 주게될 것이다.

그래서 너희가 이곳에 오지 않도록 내 목숨을 너희에게 주었느니라. 여기에 있는 공포는 사실이니라. 또한 나의 아버지의 자비도 사실이니라. 누구든지 아버지의 긍휼을 얻고자 하면 그는 언제든지 너희들을 용서하실 것이니라. 오늘 내 이름으로 그를 부르기 바라노라."

8
지옥의 감방들

예수님과 나는 감방의 1층 난간에 섰다. 이 난간의 너비는 1.2m정도 되었다. 나는 볼 수 있는 한 멀리 위를 쳐다 봤다. 거대한 웅덩이같이 보이는 큰 원통을 따라 둥글게 다른 난간들이 배치되어 있었다. 통로로 사용되는 난간 옆에는 감방들이 있었고 그 감방벽들은 지구 쪽으로 박혀 있었다. 마치 지구의 진짜 감방처럼 되어 있었으며 각 감방들 사이는 서로 약 60cm간격으로 구분되어 있었다.

예수님께서 말씀하셨다.

"이 감방들이 모여있는 교도소는 지옥 밑바닥에서 위로 27,000m에 걸쳐 펼쳐져 있단다. 여기 감방 안에는 과거 지구에서 요술이나 마술을 부린 경력이 있는 이들이 와 있는 곳이란다. 그들은 지구에서 마술사, 무당, 마약 판매자, 우상을 섬기던 자들, 귀신 들려 악을 행한 자들이었단다. 그리고 하나님을 대항하여 가증한 일들을 행했던 자들이니라.

여기 있는 대부분의 사람들은 몇 백년 동안 갇혀있는 이들도 있단다. 이들은 끝내 회개하지 않았고 많은 사람들을 미혹하여 하나님에게서 떨어지게 만들었단다. 또한 주님과 그의 백성들을 향해 직접적으로 사악한 일을 저질렀던 자들이란다. 그들은 사악함과 죄짓기를 열정적으로 좋았했던 이들이니라."

길을 따라 주님을 쫓아가면서 지옥의 중심 부위가 아래로 내려다 보였다. 악의 영들이 바쁘게 활동하고 있는 중심부는 항상 희미한 빛으로 밝혀져 있었다. 그래서 그들의 움직임을 분간할 수 있었다. 우리 앞에는 감방들이 끝없이 펼쳐져 있었다.

이 지옥 감방 속에 갇혀있는 것이 불구덩이 속에서 고통 당하는 것보다 훨씬 나은 듯 했다. 갑자기 감방 안에서 신음소리, 비명소리, 그리고 울부짖는 소리들이 들려오기 시작했다. 나는 다시 그 소리들 때문에 속이 울렁거리기 시작했다. 마음이 다시 우울해졌다.

"캐더린, 지금까지는 네가 아무 소리도 듣지 못하도록 네 귀를 내가 막고 있었단다. 이제부터 사탄이 어떻게 도둑질하고 죽이고 멸망시키는 지를 보여 주고 싶구나. 여기 지옥에는 사람에 따라 받는 고통의 방법이 다 다르단다. 마지막 심판때까지, 사망과 지옥이 불못에 던지울 때까지만 사탄은 지옥을 주관할 수 있단다. 앞으로 순식간에 이 지옥은 불못에 들어가게 되느니라."

감방 앞으로 나와 있는 난간을 따라가자, 그들이 내는 소리는 더 커지기 시작했다. 크게 흐느끼는 소리들도 감방 안에서 흘러 나왔다.

예수님께서 세 번째 감방 앞에서 걸음을 멈추셨다.
밝은 빛이 그 감방을 비추었다. 그 안에는 나이 많은 여인이 흔들의자에 앉아 있었고 가슴이 찢어질 듯이 울고 있었다. 이유는 알 수 없었다. 정말 나를 놀라게 했던 것은 이 여자는 지구상에 있는 사람처럼 온전한 육체를 그대로 유지하고 있다는 점이다.

이 감방들 안에 있는 사람들은 모두 벌거벗은 모양이었으나 흔들의자에 앉아 있는 이 여자만은 예외였다. 감방 안의 벽은 가벼운 진흙과 먼지들로 되어 있었으며 지구 안속에 박혀 있었다. 각 감방의 정면은 전체가 문으로 되어 있었다. 그 문은 검은색 쇠창살로 되어 있었고 그 위에는 자물쇠가 채워져 있었다. 앞면 전체가 쇠창살로 되어 있었으므로 안을 들여다 보기가 수월했다.

나이먹은 여자의 색깔은 완전히 타고남은 잿빛 색깔이 났다. 앞과 뒤로 움직이며 의자를 흔들때 아마 눈물이 그녀의 뺨을 적시고 있었다. 고통스러워 하는 그녀의 표정을 통해 나는 그녀가 보이지 않는 고문을 당하고 있음을 알았다.
'왜 그녀가 여기에 와 있는 것일까?' 하며 속으로 생각하고 있었다.

홀연히 이 여자의 모양이 바로 내 눈 앞에서 바뀌기 시작했다. 처음에 늙은 여자의 모습이었으나 젊은 여자의 모습으로 바뀌더니 중년 여자의 모습으로 바뀌다가 다시 늙은 여자의 모습으로 돌아왔다. 너무 놀라서 멍하게 바뀌는 모습을 바라만 보고 있었다.

그녀는 예수님을 쳐다보며 말하였다.
"주 예수여, 내 영혼을 긍휼히 여기소서. 내가 이 고통의 장소를 속히 나가게 해 주세요."

그리고 그녀는 예수님을 만지려고 몸을 앞으로 기울이며 다가왔다. 계속해서 모습은 바뀌고 있었다. 옷 색깔도 더불어 바뀌고 있었다. 남자의 복장으로, 젊은 여자의 옷 차림으로, 중년 여인, 노인의 차림으로 바뀌고 있었다. 이러한 변화가 일어나는 데는 채 몇 분도 걸리지 않았다.

"주님, 이 여자는 무엇을 잘못했는지요?"

다시 그녀는 애원하면서 주님 앞으로 바짝 다가왔다. 두 손으로 쇠창살을 꼭 쥐며 사정하기 시작했다.
"오 주님, 그들이 돌아오기 전에 저를 이곳에서 끄집어 내주세요. 당신의 사랑은 사실입니다. 당신의 사랑은 진실합니다. 그러니 저를 이곳에서 나가게 해 주세요!"

이때 그녀는 갑자기 말하다 말고 겁에 질려서 울기 시작했다. 무엇인가가 뒤에서 그녀의 살을 뼈에서 도려내고 있었다.

주님께서 말씀해주셨다.
"지금 보이는 외관상의 모습은 그녀의 진짜 모습이 아니니라."

그녀는 다시 자리로 돌아가 앉더니 의자를 흔들어대기 시작했다. 그녀의 살은 다 벗겨지고 해골 모양만 남게 되었다. 해골 안에는 짙은 회색의 영혼이 갇혀 있었다.

몇 분 전만 해도 옷을 입고 있던 그녀의 모습은 불에 그을린 뼈와 텅 비어 있는 두 눈 구멍만이 남아 있었다. 그녀의 영혼은 통곡하고 회개하며 울부짖고 있었다. 그러나 이 울음 소리는 너무 늦은 것이다.

주님께서 그녀에 대해 이야기해주셨다.

"지구상에 있을 때 그녀는 무당이었으며 사탄을 숭배하였느니라. 마술도 부렸고 다른 이들에게 이 마술을 가르쳤단다. 그녀는 어렸을 때부터 어두운 가족의 영향을 받았고 밝은 빛보다는 어둠을 좋아하였느니라.

나는 수없이 그녀가 회개하고 돌아오도록 불렀으나 그녀는 나를 배척하고 말하기를, '나는 사탄을 더 섬기고 싶어요. 나는 그를 섬기고 살아갈 것입니다.' 하며 진리를 거부하고 그녀의 죄악을 회개하기를 거부하였느니라.

그녀는 많은 이들을 죄악의 길로 빠지게 하였으며 그들 중 몇은 그녀와 같이 지옥에서 괴로워하고 있단다. 만약 그녀가 회개만 하였던들 그녀도 구원받고 그녀의 가족도 구원을 받을 수 있었을텐데. 끝까지 내 말에 순종하지 않았느니라.

사탄은 그녀가 계속 자기를 숭배하면 보상으로 그녀만의

왕국을 가질 수 있을 것이라며 속이고 믿게 하였단다. 사탄은 그녀에게 그녀가 절대 죽지 않는다고 말하였으며 영원히 사탄과 함께 살게 될 것이라고 하였단다. 사탄을 찬양하다가 그녀는 결국 죽게 되었고 여기 지옥에 오게 되었단다. 지옥에 온 후에 사탄에게 그녀의 왕국을 요구하자 거짓말의 아비인 사탄은 그녀를 향해 비웃은 후에, '내가 내 왕국을 누구와 같이 나누어 가질 것 같니?'

'자, 이것이 너의 왕국이니라.' 하면서 그녀를 여기 감방에 집어넣고 밤이고 낮이고 날마다 그녀를 학대하였느니라.

지구상에서 그녀는 많은 사람들에게 마술을 가르쳤느니라. 백인이든 흑인이든 마술을 가르쳐서 그것을 행하도록 하였단다. 그녀가 할 수 있는 마술 중에는 젊은 여자에서 중년 여인으로, 늙은 여자로, 아니면 늙은 남자로 변하는 것이었다.

그녀는 모습을 바꾸어서 그녀보다 낮은 능력을 가진 마술사들을 놀라게 해 주는 것을 무척 즐거워 하였단다. 그러나 이제는 지옥의 고통에 괴로워하고 있으며 이 지옥에서 모습이 변할 때마다 살이 뼈에서 벗겨져 나가는 고통을 당하고 있다.

이 지옥에서는 그녀 자신을 통제할 수가 없단다. 그녀의 진짜 모습은 뼈만 남은 추한 모습이란다. 사탄은 그녀를 그의 나쁜 목적을 위해 이용하다가 이제는 그녀를 조롱하고 비웃고 있단다. 자기 기분 내키는 대로 그녀를 고문하고 학대하고 싶을때마다 불러내서 괴롭히고 있단다.

　나는 그녀가 지상에 있을 때 수없이 그녀를 불렀으나 내게 응답하지 않았단다. 이제와서 내게 사정하며 애원하나 때는 이미 늦었단다. 이젠 희망은 없느니라."

　고통과 아픔 속에 시달리는 그녀를 바라보았다. 비록 나쁜짓을 했지만 내 마음은 그녀 때문에 너무나 아팠다.
　"주님, 너무 불쌍합니다."하며 나는 울었다.

　그때, 예수님과 나를 보지 못하는 듯, 어두운 갈색을 띤 큰 곰만한 지옥사자가 부러진 날개를 달고 그녀에게 접근하고 있었다. 감방 문을 열더니 그녀를 끌어내려고 안으로 들어갔다. 그녀를 위협하기 위함인지 그녀를 향해 큰 소리로 으르렁거리고 있었다. 그녀는 끌려가는 것이 무서워 겁에 질린 모습으로 비명을 질러댔다.

　예수님께서 말씀하셨다.
　"이 지옥사자는 종종 이렇게 찾아와 그녀를 데리고 가서는 갖가지 고문을 가하고 있단다."
　때마침 그녀는 비참하게 끌려가는 중이었다.

그녀가 너무 불쌍해서 주님께 여쭈었다.

"사랑하는 주님, 그녀를 도울 수 있는 방법이 뭐 없을까요?"

"지금은 너무 늦었느니라. 너무 늦었단다."

9
지옥의 공포들

　'지옥의 배 부위' 감방에 갇혀 있던 자들이 다른 곳에서 고통 당하는 자들과 차이점이 있는 것은 이해가 되었으나 아직도 나는 많은 것들을 이해하기 어려웠다. 그때마다 예수님이 하시는 말씀에 귀 기울였으며 하나님의 영광을 위하여 보고 들은 것을 메모해 두었다.

　최대한 멀리 내다보니, 앞에는 끝없이 원 모양을 따라 감방들이 이어져 있었다. 그리고 각 감방에는 한 사람씩 들어가 있었다. 나는 감방 앞을 지나가면서 그들이 신음하거나 울부짖는 소리, 한숨짓는 소리, 이를 갈며 불평하는 소리들을 들을 수 있었다.

오래 걷지 않아 우리는 한 감방 앞에서 멈추었다. 예수님에게서 발하고 있는 빛으로 감방 안이 금새 환해졌다. 한 영혼이 안에서 고통을 받고 있는 듯 했다. 안에 있는 사람은 여자인데, 푸르스름한 회색 색깔을 띠고 있었다. 시체는 썩어가고 있었고 썩은 것들은 바닥으로 떨어지고 있었다. 뼈들은 불에 타서인지 시꺼멓게 되어 있었다.

갈기 갈기 찢겨진 옷만 그녀 위에 겨우 걸쳐져 있을 뿐이었다. 지옥 구더기들이 그녀 위로 기어다니고 있었으며 악취가 풍겨져 나왔다.

앞에서 보았던 여인처럼 이 여자도 흔들의자에 앉아 있었으며 다 해어진 인형을 품고 있었다. 의자를 앞뒤로 흔들며 인형을 꼭 껴안은 채 흐느끼고 있었다. 그녀의 몸은 심하게 흔들리고 있었고 울음소리는 더 구슬프게 흐느끼고 있었다.

주님이 말씀하셨다.

"이 여자는 사탄의 종이었단다. 그녀는 자신의 영혼을 사탄에게 팔았었지. 그리고 갖가지 악한 일들을 자행해 왔단다. 그녀는 마술을 직접 부리기도 하고 다른 이들을 가르치기도 하면서 죄악의 길을 향하여 계속 걸어 왔었다.

마술을 직접 행하며 가르치는 자들은 단순히 마술을 행하는 자들보다도 더 사탄의 관심과 능력을 받게 된단다. 이 여인은 점쟁이, 마술사, 무당이었느니라.

그녀가 악한 일을 많이 할 때마다 사탄의 신임을 더 얻게 되었다. 그녀는 사탄과 그녀 자신을 위해 어둠의 권능을 어떻게 사용해야 되는지도 알고 있었단다. 사탄을 숭배하는 예배에 참석했으며 가서 사탄을 숭배하기도 하였지. 그녀는 사탄에게 큰 힘이 되는 사람이었느니라."

나는 이 여자가 얼마나 많은 영혼들을 사탄에게 현혹시켜 왔는지 의아해했다. 그리고 지저분한 옷을 걸친 채 뺨을 인형에 비벼대며 흐느끼고 있는 뼈만 앙상한 그 영혼을 쳐다보았다. 나의 가슴은 슬픔으로 가득 찼으며 눈에는 눈물이 가득 고였다.

그녀는 마치 인형이 자기를 도울 수 있는 것처럼 다 해어진 인형을 꼭 껴안았다. 감방 안은 죽음의 냄새로 가득차 있었다. 앞에서 보았던 여인처럼 이 여자도 모양이 변하기 시작했다. 처음에는 1930년대 늙은 여자의 모습이었으며, 다음에는 오늘날의 젊은 여자로 변하였다. 순간 순간 이 여자의 모습이 우리 바로 앞에서 변해가고 있었다.

예수님이 말씀하셨다.
"이 여인은 사탄을 전파하는 설교자였다. 복음이 전도자들에 의하여 우리들에게 전파되는 것처럼 사탄도 거짓 사역자들을 데리고 있단다. 사탄의 강력한 능력을 받기 위해서 그녀는 자기의 영혼을 사탄에게 팔도록 강요당했단다. 사탄이 주는 선물은 예수님이 우리에게 주시는 은사의 동전 뒷면과 같으니라. 그것이 어둠의 권능이란다.

이러한 사탄의 사역자들은 마술계, 마술상점, 수상보기(손바닥을 읽고 점 치는 것) 등의 많은 방법으로 일하고 있단다. 사탄을 전하는 영매술사들은 사탄적인 권능을 지닌 강력한 일꾼들이란다.

이러한 자들은 철저하게 사탄에게 속고 있으며 자신의 영혼은 사탄에게 완전히 팔려졌느니라. 심지어 어떤 이는 사탄이 허락하기 전에는 말 한마디 조차 할 수 없단다. 그들은 사탄에게 사람이나 짐승을 제물로 바친단다.

많은 사람들이 그들의 영혼을 사탄에게 내어주고 있지. 그들은 나를 섬기기 보다는 사탄을 선택하였느니라. 만약 진실로 회개하고 내게로 돌아오지 않는다면 그들의 선택은 죽음밖에 없다. 나는 신실하니라. 나는 그 죄에서 그들을 구할 것이니라. 그러나 그들은 영원히 살것처럼 생각하고 자기의 귀한 영혼을 사탄에게 팔고 있느니라. 결국 비참한 최후를 맞게 될 것이다.

사탄은 지금도 하나님과 그의 계획을 뒤엎을 수 있다고 착각하고 있다. 그러나 십자가에서 그는 패배 당했느니라. 나는 사탄에게서 모든 열쇠를 빼앗았으며 하늘과 땅의 모든 권세를 내가 가지고 있단다.

　이 여인은 죽자마자 이 지옥으로 오게 되었으며 저승사자들이 그녀를 사탄 앞으로 바로 데리고 갔단다. 그녀는 화가 나서 사탄에게 왜 지옥사자들이 자기에게 지시했는지를 따지기 시작했다.

　왜냐하면 지구에서는 그녀가 악령들을 다스리는 것으로 배웠기 때문이다. 실제로 악령들이 그녀에게 순종하는 듯 하였었다. 그리고 그녀는 사탄이 자기에게 주기로 한 왕국을 요구하였단다.

　사탄은 그녀를 계속 속였단다. 심지어 그녀가 죽더라도 자기가 다시 부활시킬 수 있다고 속였으며 종으로 계속 쓸것이라고 하였었다. 그녀는 계속해서 많은 영혼들을 사탄에게 데리고 왔단다. 그때까지만 해도 사탄의 말들은 모두 그럴듯 했느니라.

　그러나 사탄은 마침내 그녀를 비웃으며 등을 돌렸느니라. 사탄은 그녀에게 '나는 지금까지 너를 속이고 수년 동안 이용해 왔다. 나는 결코 내 왕국을 누구와 나누어 갖지 않는다.' 라고 하였느니라."

　마귀가 그녀를 향해 손을 한번 긋자 갑자기 그녀의 살이 뼈에서부터 벗겨지기 시작했다. 살이 찢어져 나가는 아픔에 그녀는 비명소리를 질러대기 시작했다. 이후 검은색의 큰 책이 사탄 앞으로 건네져왔다.

그는 책을 펴고는 손가락으로 짚어가며 그녀의 이름을 찾을 때까지 읽어 내려갔다.

사탄이 말했다.

"오, 그래. 여기 있구나. 네가 지구상에 있을 때 나를 잘 섬겼구나. 나에게 500명 이상의 사람들을 데려왔구나."

사탄은 다시 거짓말을 하기 시작했다.

"네가 받을 벌은 다른 사람들처럼 그리 심하지는 않을 것이다."

낄낄거리며 비웃으면서 사탄이 일어서더니 그녀를 향해 손가락으로 가르켰다. 갑자기 큰 바람이 일어나더니 그 장소를 가득 채워버렸다. 천둥 번개가 내리치는 듯한 큰 뇌성이 일어났다.

그녀가 주춤하며 일어나려고 할 때 사탄이 비웃음 치며 이야기하였다.

"너는 여기에서 또한 나를 섬길 것이다."

이때 악령들이 그녀의 살을 뼈에서 도려내기 시작했다. 그녀는 살이 도려내지는 것이 너무 아파서 비명을 질렀다.

그녀는 다시 감방 안으로 질질 끌려서 되돌아 왔다. 그녀는 사탄의 약속들을 기억했다. 사탄은 그녀가 모든 권능을 다 가질 수 있을 것이라고 했다. 그녀는 결코 죽지 않을 것이라고 했다. 사탄은 자신이 생과 사의 모든 권능을 다 가지고 있다고 말했고 그녀는 그것을 믿었다. 사탄은 그녀를 죽이려고 하는 것은 어떤 것이든지 다 막을 수 있다고 했다. 사탄은 그녀에게 수많은 거짓말과 거짓 약속을 한 것이다.

예수님께서는 말씀하셨다.

"나는 모든 사람을 구하러 왔다. 나는 모든 사람이 회개하고 내게 돌아오기를 원한다. 사람들이 멸망하지 않고 영생을 얻는 것이 나의 뜻이니라. 그러나 슬프게도 많은 사람들이 죽기 전에 회개하지 않는구나. 그래서 결국 여기 지옥으로 오게 되는 것이다.

천국으로 오는 길은 모든 사람에게 동일하니라. 하나님의 나라에 들어오기 위해서는 먼저 철저하게 거듭나야하고 자신의 죄를 회개해야 한다. 진실하게 자신의 마음을 하나님께 드리고 하나님을 섬겨야 하느니라.

캐더린, 다음에 너에게 보여 줄 것은 이보다도 더 처참하니라. 그것을 보고 네가 슬퍼할 수도 있단다.

나는 이 세상도 같이 그것을 보고 성령이 교회들에게 하시는 음성을 듣길 원하노라.

끝이 안 보이는 저 감방들 속에서 수많은 영혼들이 고통 속에 있단다. 감방들이 다 차게 되면 더 많은 영혼들을 받기 위해 자동적으로 감방이 만들어져 간단다. 살아있을 때와 마찬가지로 여기 지옥에서도 그들은 모든 감각을 그대로 가지고 있지. 살아 있었을 때 맹인이었다면, 여기 지옥에서도 그대로 맹인이고 만약 팔이 하나 없었다면 그대로 여기서도 팔이 없단다."

여러분들이여 꼭 회개하셔야 합니다. 지옥은 정말 끔찍하고 슬픔과 후회가 극치를 이루는 다시는 생각하고 싶지 않은 장소입니다.

제발 제가 하는 말에 귀 기울여 주세요. 이 모든 말은 다 사실입니다. 이 책을 쓰는 것이 얼마나 내게 어려운 일이었는지 모릅니다. 이 글을 준비하면서도 나는 수없이 몸이 아프기도 했습니다.

나는 말로 표현하기에는 너무나 비참한 모습들을 보았습니다. 그것은 아파서 비명을 지른다든가, 시체가 썩어가는 냄새라든가, 지옥 불에서 타고 있던 모습들보다 더 심한 것이었습니다. 하나님께서 그러한 것들이 기록되는 것은 허락치 않으셨습니다.

당신이 죽을 때, 하나님의 성령으로 거듭났으면 바로 낙원으로 가게 됩니다. 그러나 만약 죄인으로 죽게 되면 바로 음부로 떨어지게 됩니다. 그곳에 도착하자마자 악령들은 큰 쇠사슬로 묶어 불구덩이 속으로 당신의 영혼을 집어 던지며 고통을 가할 것입니다. 때로는, 사탄 앞으로 끌려 가기도 할 것입니다. 지옥에서 일어나는 모든 것들을 당신은 몸소 다 느낄 것입니다.

예수님께서는 "오락 센터 Fun Center"라고 불리우는 장소에 대해서 설명해 주셨다. 불구덩이 속에 감금되어 있는 영혼들은 그 장소에 올 수 없다고 하셨다. 벌을 받는 방법이다. 영혼들의 상태에 따라 다르지만 모두 불에 타는 것은 공통이라고 하셨다.

오락 센터는 서커스장처럼 생겼다. 광대가 서야 할 그 자리에 몇 명의 영혼이 끌려와 올라섰다. 이들은 지구상에서 사탄을 열심히 섬겼던 자들이었다. 자신들의 의지로 하나님 대신 사탄을 섬기겠다고 결정한 사람들이었다. 관중석에는 다른 영혼들이 앉아 있었다. 그러나 불구덩이에서 온 영혼들은 하나도 없었다.

무대 중앙에 서있는 영혼들은 다 지구상에서 마술계에 종사하던 자들이었다. 그들은 영매술사, 점쟁이, 마술사, 마인드 컨트롤에서 일했던 자들, 마녀, 그리고 요술쟁이들로서 사탄을 위해서 충성을 다하던 자들이었다.

그들은 살아 있을 때 많은 사람들을 미혹하여 사탄을 따르며 죄를 짓게 만들었다. 관중석에 앉아 있는 자들은 다름 아닌 무대 중앙에 서있는 자들에게 속아서 지옥에 온 자들이었다. 속은 자들이 자기를 속인 자들에게 차례 차례로 학대하고 고문을 가하고 있었다.

그러한 학대 속에서, 그들의 뼈들이 흩어져 지옥의 사방으로 가서 파묻혔다. 그 영혼들은 아픔 때문에 심하게 고생스러워 하고 있었다. 관중석에 있는 영혼들은 중앙무대를 향해 돌을 던질 수도 있었다. 모든 가능한 고문 방법이 다 동원되었다. 고통받는 영혼들은 아파서 어쩔줄을 몰라했다. 이것이 영원한 죽음이었다. 이 모든 일은 사탄이 뒤에서 조종하였다. 이런 일들이 바로 오락 센터에서 일어나고 있었다.

예수님께서 말씀하셨다.

"나는 지옥 열쇠를 사탄의 손에서 빼앗아 가지고 있단다. 나는 이 세상에 와서 많은 사람들을 사탄의 손에서 해방하였느니라. 내가 이 땅에 와서 십자가에 죽기 전인 구약시대에는 낙원이 지옥 바로 옆에 위치하고 있었다. 여기 보이는 이 감방들도 원래는 낙원에 있던 것인데 지금은 사탄이 사악한 목적을 위해 쓰고 있으며 감방을 더 많이 만들어 놓았단다.

이 책을 읽는 자들이여, 지금 영원토록 늦기 전에 너희의 죄를 회개하여야 하느니라.

모든 이들이 나의 심판대 앞에 설 것이니라. 내가 십자가에서 죽고 나의 아버지의 권능으로 삼일만에 부활할 때 이

낙원은 지옥 가까이에서 멀리 옮겨 갔느니라."

다시 한번 설명한다면 27,000m 높이로 서 있는 이 감방들은 마귀의 권능을 행했던 자들, 마술계나 사탄숭배를 하였거나, 사탄을 위하여 일했던 자들을 위한 감방으로 사용되고 있었다.

"자, 가자꾸나. 다른 것을 보여 주겠다."

지옥의 배 부위에 위치한 27,000m 높이의 교도소 중앙에서 갑자기 우리 몸이 800m정도 위로 올라갔다.

거기에서는 위도 없고 아래도 없는 큰 우물 속에 들어와 있는 느낌이 들었는데, 어둠 때문에 아무것도 볼 수 없었다. 이때 노란 빛이 이곳을 채우기 시작했다. 나는 예수님의 손을 꼭 잡고 여쭈었다.

"주님, 우리가 왜 이곳에 왔나요?"

갑자기 허리케인 태풍과 같은 강력한 바람이 날카로운 소리를 내며 불어오기 시작했다. 밑에서 큰 불길이 각 감방들을 할퀴며 올라오면서 불길이 닿는 곳은 모두 태우기 시작했다.

불길이 감방에 있는 영혼들을 태우자 괴로워하는 비명소리들이 흘러 나왔다. 불길은 예수님과 나에게는 접근하지 못했으나 불길을 피하기 위해 감방 뒤쪽으로 뒷걸음치는 영혼들의 모습을 바라볼 때 나는 공포감을 느꼈다.

사악한 목소리가 우리 왼쪽에서 들려왔다. 바라보니 사탄이 등을 우리 쪽으로 하고 서 있었는데, 불길에 휩싸여 있었다. 그러나 타지는 않았다. 타고 있는 것이 아니라 이 불길을 일으키고 있는 장본인이 바로 사탄이었다.

불꽃 속에서 불쌍한 영혼들이 고통스러워하는 모습을 사탄은 즐기고 있었다. 사탄이 팔을 움직이자 사탄에게서 불덩어리들이 나가기 시작했다. 이 불을 맞은 감방의 영혼들은 가슴이 찢어질 것 같은 비명소리로 고통을 호소하고 있었다.

이 불은 불구덩이 속에 있는 불보다 더 뜨거웠다. 감방에 있는 영혼들은 불에 타고 있었으나 죽지는 않았다. 사탄이 각 감방들을 돌아다니며 고문을 가할 때 지옥의 악령들은 자기들끼리 낄낄거리며 서로 웃고 있었다.

예수님이 말씀하셨다.
"사탄은 죄악을 먹고 산다. 그는 다른 영혼이 괴로워하고 고통 당할 때 영광을 받으며 이때 사탄의 힘이 더욱 강력하여진다."

사탄은 붉은 빛을 띤 노란색 불길 속에 있었으며 거친 바람소리를 대동하고 있었다. 불길 속에 있었지만 그의 옷은 타지 않았으며 대기중에는 시체타는 냄새로 꽉 찼다. 이 지옥에서 느끼는 두려움은 너무나 생생하였다. 사탄이 불길 속을 거닐었으나 불은 사탄을 해하지 못했다.

나는 사탄의 등만 보았으나 그의 사악한 웃음소리는 전 지옥을 울려대고 있었다.

사탄은 연기 속에서 위로 올라갔다. 그는 손에 불꽃을 잡고 지옥의 배 부위 제일 위로 올라갔다. 올라가더니 몸을 돌리고 큰 소리로 만일 자기를 경배하지 아니하면 오락 센터에 집어 넣겠다고 엄포를 놓았다.

"사탄님, 제발 안됩니다. 우리는 당신을 섬기겠습니다."
모두 이구동성으로 말하였다.
마귀에게 절을 하며 간절히 빌었다. 사탄에게 절을 할수록 그는 더 찬양받는 것에 굶주려 갔다. 지옥 천장이 떠나갈 정도로 사탄을 찬양하는 소리는 커져만 갔다.

예수님이 말씀하셨다.
"이곳 감방 안에 있는 자들은 모두 살아 생전에 한번 이상은 복음을 들어 본 적이 있느니라. 여러차례 구원의 소식이 그들에게 전해졌었다. 나는 나의 영으로 그들을 이끌려고 하였으나 마음을 굳게 닫고 내게와 구원을 받지 않았느니라."

이때 사탄이 외치는 음성이 들려왔다.

"하하, 이것이 너희의 왕국이다. 바로 니네들이 가질 수 있는 왕국이란다. 나의 왕국은 저 지구 위에서부터 그 아래에 이른다. 이것이 너희의 영원한 삶이니라."

그러나 타고 있는 감방들로부터는 후회하는 영혼들의 울음소리가 새어 나왔다.

예수님께서 말씀하셨다.
"나의 구원은 값 없이 주는 것이니라. 누구든지 원하면 내게로 와 구원을 받으라. 내게로 오는 자는 절대로 외면하지 않느니라. 설령 마녀나 마술사였다 할지라도 지금까지 사탄을 위해 일해왔다 하더라도 내게로 오면 나의 권능이 그것을 깨뜨릴 것이며 나의 흘린 보혈이 그들을 깨끗하게 할 것이니라. 나는 저주를 몰아내며 지옥갈 영혼들을 구하는 자니라. 내게 너희의 마음을 돌이키면 너희를 속박하는 모든 것을 깨뜨릴 것이며 너희 영혼을 자유롭게 하리라."

10
지옥의 심장부

밤마다 나는 예수님과 함께 지옥으로 갔다. 낮에는 눈 앞에 지옥의 모습들이 항상 가물거렸다. 내가 보았던 것들을 다른 사람들에게 설득시키려 하였으나 그들은 내 말을 믿지 않았다. 나는 큰 외로움을 느꼈으나 날마다 하나님의 은혜로 살아갔다.

모든 영광을 주 예수 그리스도께 돌립니다.

다음날 밤에 예수님과 나는 지옥으로 다시 갔다. 우리는 '지옥의 배 부위'의 가장자리를 따라 걸었다. 전에 본적이 있어서인지 이곳의 몇 부분은 눈에 익었다. 전과 똑같은 시체가 썩는 냄새, 악취, 곰팡이 낀 냄새, 더운 공기가 사방에 깔려 있었다. 벌써 피곤해 오기 시작했다.

예수님은 나의 생각을 읽으시고는 말씀하셨다.
"결코 너를 떠나거나 버려두지 않을 것이다. 네가 많이 약해진 것을 알고 있다. 그러나 너를 강하게 하리라."

예수님이 나를 한번 만지시자 갑자기 내 안에서 힘이 솟구치기 시작했다. 그리고 계속해서 예수님과 함께 걸어 갈 수 있었다.

앞에는 야구장만한 크기의 크고 검은 물체가 보였다. 위 아래로 움직이고 있는 것 같았다. 이 물체가 지옥의 심장이라고 하신 주님의 말씀이 생각났다.
큰 팔 같기도 하고 뿔처럼 보이는 것들이 이 검은 심장부 위에서 나오고 있었다. 그들은 이 심장부에서 나와 위로 올라가더니 지옥을 벗어나 지구 위까지 뻗어갔다. 이 뿔들이 성경에서 나오는 것들과 같은 것인 듯 했다.

'지옥 심장부' 주변에 있는 지구 속은 건조하며 갈색이었다. 심장부 주변에서 사방으로 9m 정도의 지역은 이미 불에 태워져 녹슨 갈색으로 변해 있었다. 이 심장부 표면은 가장 검은 색깔을 띠고 있었으며 검은 뱀 피부 색깔과도 같았다.

지옥 심장이 박동할 때마다 심한 악취를 뿜어내고 있었다. 지옥 심장도 진짜 심장처럼 위 아래로 뛰고 있었다. 악령들이 이 심장부위를 둘러싸고 있었다.

나는 심장부를 바라보며 왜 이것이 존재하는지 의아해 했다.

예수님께서 친히 내게 일러 주셨다.

"인간의 심장에 연결된 동맥처럼 보이는 이 뿔들은 지구 속을 통과하여 지구 위로 연결되어 있는 파이프라인과 같다. 이 파이프라인처럼 보이는 뿔들 horns은 성경에서 다니엘이 보고 기록한 것과 같다(단 8장).

이 뿔들은 지구상에서의 마귀 왕국들을 의미한다. 이 왕국들 중 몇은 이미 존재해 온 것도 있고 앞으로 지구상에 생길 것도 있고 이제 막 생겨난 것도 있다. 마귀 왕국들이 계속 생겨날 것이고 적그리스도는 이 지구상에서 많은 사람들과 장소와 물건들을 다스리게 될 것이다.

선택받았던 자들도 더러는 적그리스도에게 속을 것이다. 많은 자들이 짐승과 그의 모습을 경배할 것이다.

큰 가지처럼 생긴 뿔들에서 또 다른 작은 뿔들이 자라날 것이다. 이 작은 가지들을 통하여 악령들과 귀신들과 갖가지 마귀의 방법들이 지구상으로 올라갈 것이다. 지구상으로 파견되면 사탄의 지시를 받으며 갖가지 악한 일들을 하게 된다.

지구상에 있는 마귀의 왕국들과 악의 영들은 짐승을 따르게 될 것이다. 많은 사람들이 이 짐승을 따를 것이며 파멸의 길로 걷게 될 것이다. 이 모든 일의 시작이 바로 이 지옥 심장부에서 시작 된단다."

예수님께서는 이 말씀들을 기록하고 책으로 만들어 세상 사람들에게 알리라고 하셨다. 주님의 이 말씀들은 사실이다. 이 계시는 주 예수 그리스도로부터 온 것이며 많은 사람들에게 사탄의 활동과 그의 궤계를 알리기 위해 주님께서 말씀하신 것이다.

"자, 이제 가자꾸나."

나는 예수님을 따라 지옥 심장부로 이어지는 계단을 오르며 지옥의 심장 가까이로 나아갔다. 지옥 심장부 입구에는 문이 하나 있었다. 그 문이 자동으로 열렸다. 심장부 안은 칠흑같이 어두웠다.

울부짖는 소리들이 들려왔다. 너무 악취가 심하여 숨을 쉬기가 어려웠다. 이 어둠 속에서 볼 수 있는 것이라고는 예수님 뿐이었다. 나는 예수님 뒤로 바짝 붙어서 따라갔다.

이 칠흑같은 어둠 속에서 갑자기 예수님이 내 앞에서 사라져 버렸다. 상상할 수 없는 일이 내 앞에서 전개 되어졌다. 갑자기 지옥에서 혼자 남게 된 것이다. 공포심이 밀려왔다. 두려움이 내 영혼을 엄습해 왔으며 죽음의 그림자가 나를 사로잡기 시작했다.

나는 울면서 예수님을 불렀다.
"예수님, 어디 계세요? 예수님 어디 계세요? 주님, 제발 돌아와 주세요."
울부짖었으나 아무 대답이 없었다.
"오, 나의 하나님, 저는 여기를 나가야 합니다."

나는 어둠 속을 마구마구 달렸다. 어느 벽에 다다랐을 때 마치 그것이 숨을 쉬고 있는 것 같았으며 나를 안쪽으로 밀어냈다.

나는 더 이상 혼자 있는 것이 아니었다. 옅은 노란색 빛을 띠고 음산한 웃음소리를 내며 두 지옥사자들이 내게 다가오더니 내 두 손을 덥석 움켜 잡는 것이 아닌가!

그들은 재빠르게 쇠사슬로 내 어깨를 동여매기 시작했다. 그리고 나를 더 깊은 지옥 심장부로 끌고 갔다. 나는 예수님을 불렀다. 그러나 아무 대답이 없었다. 나는 울었으며 온 힘을 다해 저승사자들과 싸웠다. 그러나 그들은 아랑곳하지 않고 계속 나를 어디론가 끌고 갔다. 그들의 힘에 비해 내 저항은 너무나 미비했다.

계속 깊이 들어 갈수록 내 육체에 무언가 닿는 느낌이 나면서 심한 통증이 느껴져 왔다. 내 살들이 뼈에서 벗겨지고 있는 것 같았다. 나는 너무 겁에 질려서 비명을 질러댔다.

두 지옥사자들이 나를 감방으로 데리고 가더니 집어던져 넣는 것이었다. 그리고 자물쇠를 채웠다. 나는 전보다 더 크게 울부짖었다. 그들은 나를 조롱하듯 웃으며 말하였다.

"울어봤자 다 쓸데 없는 짓이야. 네 차례가 되면 우리 주인님이 너를 부르실거야. 취미삼아 너에게 심하게 고문을 가하실거야."

지옥 심장부의 악취가 내 몸에 찌들어 버린 것 같았다.

"제가 왜 여기 와야 하나요? 제가 무엇을 잘못했나요? 제가 지금 미친 것은 아닌가요? 저를 나가게 해 주세요! 제발, 저를 여기에서 나가게 해 주세요!" 하며 울었다.

잠시후, 나는 내가 들어와 있는 감방의 벽을 느낄 수가 있었다. 둥그렇게 생겼으며 느낌은 살아있는 물체처럼 물렁물렁했다. 그 벽은 살아 있었다. 그리고 움직이기 시작했다. 나는 비명을 질렀다.

"오, 주님! 무슨일이 벌어지고 있는 건가요? 예수님, 어디 계세요?"

주님을 불렀으나 메아리만이 내 목소리를 싣고 되돌아 왔다.

두려움 ―세상에서 한번도 느껴보지 못한 두려움― 이 내 영혼을 엄습해 왔다. 예수님이 나를 떠나 가신 후 처음으로 나홀로 남아 희망이라고는 전혀 없는 이곳에서 낙오자가 되었다는 것을 알게 되었다.

나는 흐느끼며 계속해서 예수님을 불렀다. 주님의 대답 대신에 어둠 속에서 목소리만이 들려왔다.

"예수를 불러봤자 다 쓸데 없어. 그는 여기 있지 않아."

아주 희미한 빛이 내 주위를 비추기 시작했다. 여기에 온 후 처음으로 다른 감방들도 볼 수 있었다. 그것들은 내 감방과 똑같이 생겼으며 감방 뒷벽이 모두 '지옥 심장부' 벽쪽으로 박혀 있었다.

바로 앞에서 누가 흐느끼고 있었다. 진흙같기도 한 끈적거리는 물체가 각 감방들을 흐르고 있었다.

옆에 감방에서 한 여자가 말을 건네왔다.

"너도 이 고통의 장소에서 낙오자가 되었구나. 여기는 빠져나갈 구멍이 전혀 없단다."

빛이 너무 침침하였으므로 거의 그녀를 볼 수가 없었다. 그녀도 나처럼 자지 않고 깨어 있었다. 그러나 다른 감방에 있는 사람들은 모두 잠들어 있는 듯 하였다.

그녀가 말하였다.
"여기는 희망이 전혀 없단다. 오직 절망이다!"

뼈저린 외로움과 심한 절망감이 내게 엄습해 왔다. 그녀의 말도 내게 도움이 되지 못했다.
"여기는 지옥의 심장부야. 이곳에서 우리는 고문을 당하지. 그러나 다른데서 고통당하는 영혼들에 비하면 우리가 받는 고통은 아무것도 아니야."
나중에 안 것이지만 그녀가 한 말은 거짓말이었다.
"때로 우리는 사탄 앞으로 끌려 간단다. 사탄은 취미삼아 우리를 고문하고 있지. 사탄은 우리의 아픔을 먹고 살며 우리가 절망하고 슬퍼할 때마다 사탄은 강해 진단다.

우리 죄는 언제나 우리 앞에 있지. 너도 알다시피 우리는 부정했잖아. 나도 한때는 예수님을 알았었지. 그러나 나는 예수님을 거절하고 하나님께로부터 돌아선 후에 육체만을 추구하며 살아 왔었다.

나는 여기 오기전에 창녀였단다. 돈을 위해서라면 사랑이라는 명목하에 남자든 여자든 마구 추구하였지. 그래서 많은 가정을 넘어뜨렸다. 여기에는 레즈비언이나 게이들, 간음한 자들이 와 있단다."

나는 어둠 속을 향해 외쳤다.

"저는 여기 속하지 않아요. 나는 구원받았단 말이에요. 나는 하나님께 속합니다. 내가 여기에 올 이유가 전혀 없단 말입니다."

울며 소리쳤으나 아무 대답도 들려오지 않았다.

이때 지옥사자들이 돌아와서 문을 열었다. 하나는 나를 끌어내고 하나는 뒤에서 나를 감방 밖으로 밀어내고 있었다. 지옥사자들이 나를 만질 때마다 뜨거운 불길이 와 닿는 느낌이 났다. 그들의 접촉은 나를 아프게 만들었다.

예수님을 부르며 울었다.

"오 예수님, 지금 어디 계세요. 예수님, 저를 도와 주세요."

불소리가 한번 확나며 위로 솟아오르더니 내게 이르기 전에 앞에서 멈췄다. 마치 살이 내 뼈에서 도려내지고 있는 것 같았다. 상상해 본 적이 없는 고통과 괴로움이 나를 덮쳐 지나가고 있었다. 도저히 믿음으로 버텨낼 수가 없을 것 같았다. 보이지 않는 무엇인가가 내 육체를 찢어내고 있었다. 박쥐 모양으로 생긴 악의 영들이 나의 온몸을 물어대고 있었다.

"사랑하는 주 예수님, 어디 계세요? 제발 저를 여기서 나가게 해 주세요!"

나는 강제로 밀리고 끌려서 광장같은 넓은 장소로 갔다. 그리고 쓰레기장처럼 생긴 제단 위로 던져졌다. 제단 위에는 큰 책이 펴져 있었다. 나는 사탄이 소리내어 웃고 있는 것을 들었으며 바로 사탄 앞에 내가 누워있음을 알았다.

사탄이 말했다.
"드디어 너를 잡았구나!"

나는 너무나 무서워서 거의 실신할 뻔 했으나 사탄이 말하고 있는 사람은 앞에 있는 다른 사람이었다.

"하하, 드디어 너를 멸망시킬 수 있게 되었구나. 너를 위해 어떤 벌이 있나 한번 보자."

사탄이 말하더니 책을 펴고는 손으로 읽어 내려갔다. 그 영혼의 이름을 찾자 형벌이 그에게 주어졌다.

"사랑하는 주님, 지금 내가 보고 있는 이 모든 것이 사실인지요?"

다음은 내 차례가 되었다. 악령들이 나를 강제로 사탄 가까이에 있는 제단으로 밀어냈다. 그리고 강제로 내 몸을 굽혀서 사탄에게 절하게 했다.

"나는 너를 오랫동안 기다렸지. 드디어 너를 잡게 되었구나. 너는 내게서 피하려고 했지만 나는 너를 이렇게 잡았지."

사탄은 사악한 표정으로 승리의 미소를 지으며 말했다.

이전에는 한번도 느껴보지 못한 무서움이 강하게 내게 엄습해 왔다. 다시 살이 내게서 찢어져 나가고 있었다. 큰 쇠사슬이 내게 드리워졌다. 쇠사슬로 드리워진 내 모습을 아래로 내려다 보았다.

다른 사람들과 마찬가지로 육신은 다 사라지고 뼈만 남은 해골의 모습이 되었다. 구더기들이 내 몸 속으로 기어들어오기 시작했다. 불이 발 밑에서 번져오더니 온몸을 타고 올라왔다.

나는 고통중에 울부짖었다.

"오 주 예수님, 대체 이게 무슨 일입니까? 예수님, 어디 계세요?"

사탄은 나를 비웃고 또 비웃었다.

"예수님이 어디 있어, 내가 이제 너의 왕이란 말이야. 너는 나와 함께 여기 영원토록 있게 될 것이다. 너는 바로 이제 내 것이다."

내 감정은 점점 무디어졌다. 사랑도, 평화도, 따뜻함도, 심지어 하나님도 느낄 수 없었다. 상상할 수 없는 두려움과 미움과 감각적인 고통만이 더해 갈 뿐이었다. 이것들은 믿음으로 극복하기엔 너무 역부족이었다. 주 예수님께 구해주시도록 있는 힘을 다해 그분을 불렀으나 아무 대답도 없으셨다.

사탄이 이야기 하였다.

"나는 이제 너의 왕이다."

사탄은 손을 들어 자기 옆에 있는 지옥사자에게 지시를 내렸다. 그러자 그 못생긴 악령이 내가 있는 제단 위로 단숨에 올라왔다. 그 악령은 큰 육체와 얼굴은 박쥐모양이었으며 손에는 손톱이 있었고 악취가 그에게서 풍겨 나왔다.
"주 사탄님, 이 여자를 어떻게 할까요?"

온몸이 털로 뒤덮히고 얼굴은 돼지 모양을 하고 있는 다른 지옥사자가 내게 다가 왔다.
"이 여자가 항상 무서움을 맛보도록 지옥 심장부에서 가장 깊은 곳으로 끌고가라. 나를 주님이라고 부를 때까지 감금해 두어라."

나는 질질 끌려서 춥고 끈끈한 어두운 장소로 끌려갔다. 이 장소는 어떤 장소이기에 뜨거움과 추위를 동시에 느낄 수 있는지 의아했다. 여전히 불은 나를 태우고 있었고 구더기들은 내 온몸 위로, 몸 속으로 기어다니고 있었다. 사방에는 죽은 영혼들의 신음소리로 가득차 있었다.

"오 주 예수님, 제가 왜 여기 있는지요? 사랑하는 하나님, 차라리 죽고 싶어요."

갑자기 한줄기 빛이 들어오기 시작하더니 내가 있는 장소를 환히 밝히고 있었다. 예수님이 갑자기 나타나시더니 그의 팔로 나를 안으셨다. 그와 동시에 나는 어느새 나의 집에 돌아와 있었다.

나는 눈물을 흘리며 울었다.
"사랑하는 주 예수님, 어디 계셨어요?"

예수님은 부드럽고 자상하게 말씀하셨다.
"캐더린, 지옥은 실제로 존재하느니라. 네가 몸소 지옥을 체험할 때까지는 확실히 알지 못할 수도 있단다. 너는 이제 지옥이 어떤 곳이며 지옥에 가는 것이 얼마나 비참한 일인지를 알게 되었지. 이제 다른 사람들에게 이것을 말해야 한단다. 반드시 이 과정을 거쳐야 아무런 의심없이 이 모든 사실을 받아 들일 수 있느니라."

나는 너무 슬펐다. 그리고 너무 피곤했다. 나는 예수님의 팔에 안기듯이 쓰러졌다. 비록 예수님이 나의 온몸을 회복시켜 주셨지만, 나는 멀리 멀리 가고 싶었다. 예수님에게서, 나의 가족에게서, 그리고 모든 사람들로부터.

집에 있는 다음 며칠 동안 나는 너무 아팠다. 나의 영혼도 너무 슬펐다. 지옥의 무서운 모습들이 눈 앞에서 떠나지 않았다. 내가 완전히 회복되는데는 며칠이 더 걸렸다.

11
바깥 어두운 데

밤마다 나는 예수님과 다시 지옥으로 돌아갔다. 지옥 심장부를 지날 때마다 나는 예수님 옆으로 더 바짝 다가가서 걸었다. 지난번 여기에서 일어난 일로 인하여 두려움을 한층 더 심하게 느꼈다.

다른 영혼들을 구하기 위하여 하는 것이기에 나는 계속 앞으로 나아가야 했다. 내가 집으로 돌아갈 수 있다면 그것은 하나님의 은혜로만 가능할 것이다.

우리는 귀신들이 떼거리로 모여 있는 장소 앞에 멈췄다. 그들은 노래부르고 자기들끼리 속삭이며 사탄을 찬양하고 있었다. 그들은 너무나 기뻐하는 것 같았다.

예수님이 말씀하셨다.
"자, 그들이 무슨 말을 하는지 들어보렴."

"우리는 오늘 저 집으로 가서 그 안에 있는 사람들을 고문할 것이다. 우리가 오늘 이 일을 하면 주 사탄님이 우리에게 더 큰 힘을 주실거야. 자, 오늘 저들에게 더 많은 병과 질병과 저주를 가져다 주자."
자기들끼리 이야기 하더니 일어나 춤을 추며 사탄을 찬양하는 노래를 부르며 사탄에게 영광을 돌리고 있었다.

한 귀신이 이야기했다.
"예수 믿는 자들을 특별히 조심해라. 그들은 우리를 쫓아낼 수 있는 권능이 있단다."
"응, 맞아. 우리는 예수 이름 앞에서는 도망갈 수밖에 없잖아."라고 다른 귀신이 말했다.
마지막 다른 귀신이 그말에 동의했다.
"좋아, 그럼 오늘밤에는 예수 믿는 자들한테는 가지 않도록 하자."

예수님께서 말씀해 주셨다.
"나의 천사들이 내 백성을 저 귀신들로부터 지키고 있다. 그래서 귀신의 역사가 발전하지 못한다. 비록 믿지 않는 자들이 모른다 하더라도, 내가 그들을 보호하고 있단다. 나에게는 사탄의 궤계를 능히 멸할 수 있는 천사들이 수없이 많이 있느니라.

이 지구와 공중에는 수많은 귀신들이 있단다. 지금까지 몇 가지 귀신의 종류들을 네가 볼 수 있도록 허락하였었지. 다는 아직 네가 보지 못하였다. 이런 귀신의 활동 때문이라도 복음이 모든 이들에게 속히 전파되어야 한다. 진리만이 저 악한 영들에게서 사람들을 자유롭게 할 수 있단다. 내가 저들 악한 영들에게서 너희를 보호하겠노라. 내 이름으로만 저 귀신들을 쫓으며 자유를 얻을 수 있단다. 나는 하늘과 땅의 모든 권세를 가지고 있느니라. 사탄을 두려워하지 말고 다만 하나님을 두려워 하라."

우리는 지옥을 계속해서 걸어갔다. 예수님과 나는 몸집이 커다랗고 시커먼 사람을 보게 되었다. 그는 천사의 모양을 하고 있었으며 어둠 darkness을 뒤집어 쓰고 있었다. 그의 왼손에 무언가를 쥐고 있었다.

예수님이 말씀하셨다.
"이 장소는 '바깥 어두운 데' 라고 불린단다."

나는 울며 이를 가는 소리를 들었다. 전에 한번도 들어 본 적이 없는 절망의 소리였다. 우리 앞에 서있는 천사는 날개가 없었다. 그 천사의 키는 9m정도 되어 보였다.

그는 자기가 하고 있는 일이 무엇인지를 분명히 알고 있는 듯 하였다. 그의 손에는 큰 원반 disk이 들려져 있었다. 마치 그것을 던지려는 듯 그것을 높이 들고는 천천히 몸을 돌리고 있었다.

원반의 중앙에는 불이 있었다. 그리고 원반 가에는 어둠으로 덮여 있었다. 천사는 손을 원반 밑으로 집어 넣고는 있는 힘을 향해 뒤로 가지고 갔다.

이 천사가 누구며 무엇을 하려고 하는지 나는 궁금했다. 이런 생각을 할 때마다 예수님은 나의 생각을 미리 알고 계셨다.

"이곳이 바로 '바깥 어두운 데' 나라. 내가 성경에 한 말을 기억하거라."

> 나라의 본 자손들은 바깥 어두운 데 쫓겨나 거기서 울며 이를 갈이 있으리라 (마 8:12)

"주님, 주의 종들을 말씀하시는지요?"라고 물었다.
"맞단다. 나의 부름을 받은 후 주의 종이 된 사람들 중에서 다시 타락한 자들이지. 이들은 나보다 세상을 더 사랑했고 죄의 수렁에 빠져버린 자들이다. 그들은 전해야 할 진리는 전하지 않았고 거룩함은 그들에게서 떠났느니라. 이들은 차라리 아예 주의 종이 되지 않는 편이 더 나을 뻔 하였구나.

나를 믿으라. 비록 죄를 범하였을지라도, 너희에게는 아버지와 너희 사이에 중보자가 계시느니라. 만일 네가 회개하면, 나는 너희의 모든 불의에서 너희를 깨끗하게 할 것이요. 만일 회개하지 아니하면, 나는 네가 알지 못하는 시간에 오리라. 그리고 너희는 믿지 않는 자들과 함께 믿음에서 끊어지고 바깥 어두운 데 있으리라."

나는 이 어둠의 천사가 큰 원반을 저 어둠 속으로 던지는 것을 지켜 보았다.

'바깥 어두운 데 쫓겨 나리라.' 는 구절이 바로 이것을 의미하는 것이다.

그 큰 원반은 던져졌고 우리는 공중으로 날아가는 그 원반을 따라 갔다. 우리는 원반의 안을 들여다 보았다. 원반의 중앙에는 불바다가 있었으며 파도가 출렁이듯 불이 파도 치고 있었다. 불바다 안에는 사람들이 불바다를 빠져나가려고 애를 쓰고 있었다. 거기에는 귀신들도 악령들도 없었다.

원반 바깥쪽은 칠흑같은 어둠으로 깔려 있었다. 오로지 불바다에서 나오는 빛만이 내부를 밝히고 있었다. 그 불빛으로 안에 일어나고 있는 상황을 볼 수 있었다. 사람들이 불바다에서 헤엄쳐서 불 바닷가 해변으로 빠져 나오려고 애를 쓰고 있었다. 몇 명의 사람들이 해변가에 거의 이르렀을 때 불바다 중앙에서 흡입하는 그 어떤 힘에 의하여 다시 중앙으로 되돌아 왔다.

불이 그들을 태워 살점들이 하나도 없는 뼈만 남은 모습으로 변했다. 비로소 이곳이 고통을 당하는 또 다른 지옥의 일부임을 알았다.

이때 환상 속에서 천사들이 봉함 seals을 열고 있는 모습이 보였다. 그 봉함 안에는 각 나라와 민족들이 갇혀 있었다. 천사들이 그 봉함을 깨뜨릴 때 남녀노소 할 것 없이 모두 불바다로 빠져 들어갔다. 나는 그 불바다에서 내가 알았던 타락한 주의 종을 보았다.

그 불 속으로 떨어져가는 영혼들의 광경을 바라보면서 눈을 돌릴 수가 없었다. 그러나 그들이 불바다에 빠져 들어가는 것을 막을 수 있는 자는 아무도 없었다.

나는 울면서 주님께 사정했다.

"주님, 저들이 불에 닿기 전에 멈추게 해 주세요."

"귀 있는 자는 들을 것이요, 눈 있는 자는 볼지니라. 캐더린, 너의 죄와 악을 위하여 울어라. 나의 종들에게 맡은 바 자기 일에 충성할 것이며 주의 이름을 불러야 한다고 전해주기 바란다. 너를 이곳으로 인도한 이유는 나의 종들에게 이것을 알리기 위함이니라.

너의 말을 믿는 사람들도 있을 것이고 믿지 않는 사람들도 있을 것이다. 어떤 이들은 하나님은 좋으신 하나님이시니 사람들을 지옥에 보내지 않는다고 말할 것이다. 그러나 분명히 그들에게 두려워 하는 자, 믿지 않는 자는 지옥에서 각자의 자리를 차지할 것이라고 말해 주어라."

12
뿌리들

"캐더린, 오늘밤 우리는 지옥의 다른 부분을 가보게 될 것이다. 뿌리들에 대하여 너와 이야기를 나누고 싶구나. 이 뿌리들을 통하여 어떻게 귀신들과 악의 영들이 지구 위로 파견되는지 또 지구에서 무엇을 하는지 보여 주고 싶단다."

예수님께서 말씀하실 때 내 눈 앞에는 환상이 열리기 시작했다. 환상 속에서 나는 거의 다 쓰러진 농장을 하나 보았다. 그 농장 주변에는 죽은 나무로 가득했으며 뜰에는 키가 좀 자란 잡초들이 회색의 죽은 색깔로 무성하였다. 농장을 둘러싸고 있는 뜰 주위는 생명체라고는 볼 수 없었다. 죽음으로만 가득차 있었다. 주변에는 아무 건물도 없었다.

죽음의 냄새는 어디에나 있었다. 이것이 지옥의 일부임을 금방 알 수 있었다. 그러나 내가 보았던 것이 무엇인지를 이해할 수가 없었다.

농장 안쪽에는 거무죽죽한 유리창 너머로 희미하게 사람 같아 보이는 것들이 있었다. 외모상으로 사악함이 보였다. 그 중에 한 명이 현관을 향해 오더니 문을 여는 것이었다.

그는 덩치가 굉장히 컸으며 온몸에 근육이 잘 발달되어 있었다. 그가 밖으로 나왔을 때 더 자세히 볼 수 있었다. 그는 키가 183cm정도 되었으며 역도 선수처럼 근육이 잘 발달되어 있었다. 그의 피부색도 주변에 죽어있는 모든 동식물처럼 창백한 회색이었다. 입은 옷이라고는 바지밖에 없었다. 바지 색깔도 피부 색깔과 거의 차이가 없었다. 그의 육체는 뱀의 비늘처럼 덮여 있었고 얼굴은 몸에 비해서 상대적으로 굉장히 컸다.

머리가 너무 커서 다리는 머리를 지탱하기 위해 팔자다리처럼 바깥쪽으로 휘어져 있었다. 그의 발은 돼지 족발처럼 되어 있었으며, 그의 인상은 어떠한 표정이 없는 굳은 얼굴이었으며, 악의 형상을 하고 있었다.

얼굴에서 그가 늙었음을 알 수 있었다. 그의 눈은 동태 눈 같았으며 얼굴은 옆으로 넙적하게 퍼져 있었다.

환상 속에서 나는 그가 현관을 나와 걷는 것을 보았다. 그가 걸을 때 지구가 흔들렸다. 작은 뿔 하나가 그의 머리 위에서 자라나기 시작했다. 뿔이 자라며 점점 커지더니 시야에서 보이지 않을 정도로 크게 되어 위로 올라가고 있었다. 그가 걸어갈 때도 뿔은 계속해서 자라고 있었다. 다른 뿔들이 그의 머리에서 또 자라기 시작했다.

그러더니 작은 가지 뿔들이 큰 뿔들에서 분리되어 나왔다. 그의 머리는 짐승처럼 되었다. 그는 힘이 넘치는 무서운 악마처럼 보였고 보는대로 무엇이든 부서 버릴 것만 같았다. 그가 한 발짝 내디딜 때마다 지구가 흔들거렸다.

"여길 주시해 보거라."라고 예수님이 말씀하셨다.

뿔들이 계속하여 위로 몸을 비틀며 올라가더니 각 가정 안에, 교회 안에, 병원 안에, 사무실 안에, 지구상에 있는 건물이라는 건물 안으로 다 뻗어 들어가고 있었다. 그 뿔들은 지구 전체에 해를 입히고 있었다. 뿔들의 주인되는 짐승이 무엇이라고 말하자 귀신들이 뻗어있는 뿔들을 통해 모든 건물 안으로 침투하기 시작했다.

많은 사람들이 귀신들에게 속기 시작했으며 사탄의 함정에 빠져 들어갔다.

나는 말씀하시는 성령님의 음성을 들었다.
"우리는 영적전쟁에 있느니라. 선과 악의 싸움이니라."

뿔들에서 검은 구름 같은 것들이 쏟아져 나왔다. 귀신들이 그 검은 구름 속에 숨어 위장한 채로 지구 곳곳에 투입되고 있었다. 하나님이 가장 미워하시는 가증한 것들이 거기에 다 모여 있는 것 같았다. 나는 지구 위에서 왕국들이 일어나는 것을 보았다.

수백만의 사람들이 마귀의 세력을 따르고 있었다. 오래된 뿔들은 제거 되어지고 그 자리에 새뿔들이 다시 자라고 있었다.

예수님이 말씀하셨다.

"이제 시작이니라. 이러한 것들은 지금도 있고, 전에도 있었고, 앞으로도 있을 것이니라. 많은 사람들이 자기 사랑하기를 하나님 사랑하기보다 더 할 것이다. 마귀는 마지막 때가 얼마 남지 않은 것을 알고 더 사납게 할 것이다.

남자와 여자들이 각각 자기 가정을 사랑하며 차를, 부동산을, 빌딩을, 사업을, 은을, 금을 나보다 더 사랑할 것이니라. 회개하라! 나는 질투하는 하나님이니라. 아들이나 딸이나 아내나 남편을 나보다 더 사랑하는 자는 내게 합당치 아니하니라. 하나님은 영이시니 예배하는 자가 신령과 진정으로 예배할지니라."

뿔들이 지구 표면 위로 올라오더니 하늘을 향해 높이 올라갔다. 새 왕국들도 위로 올라갔다. 온 땅에는 전쟁과 파괴가 있었다. 짐승에게 경배하는 자들이 많았다. 그 악한 짐승은 마치 무얼 생각하는 듯이 앞뒤로 왔다갔다 하였다. 짐승의 몸무게로 인하여 땅이 흔들렸다. 몇 분 후에 그는 농장으로 되돌아 왔다. 땅에는 어두운 구름으로 덮혀져 있었고 많은 사람이 죽어 있었다.

온 세상은 대환란 중에 있었다. 나는 온 힘을 다해 울면서 기도하기 시작했다.

"오 주님, 우리를 도와주세요."

그때 두 마리의 큰 짐승이 영적인 형태로 땅에서 솟아올랐다. 그리고 서로를 향하여 싸우기 시작했다. 나는 그들이 지옥에서 왔음을 알 수 있었다.

수많은 사람들이 두 짐승들의 싸움을 구경하기 위해 모여들었다. 두 짐승 사이에 또 다른 어떤 것이 땅에서 올라왔다. 그것은 큰 배였다. 두 짐승들은 싸우다 멈추고 올라오는 배를 지켜봤다. 두 짐승들이 배를 쳐다 보다가 그 배를 부수려고 하였다.

그러나 그들은 그 배를 파괴하지 못했다. 그래서 그들은 그것을 땅 속으로 밀어 버렸다. 배는 땅 속으로 묻혀 버렸다. 그 두 짐승들은 일대일로 맞서 다시 전열을 가다듬었다.

"여기를 주목하거라." 하는 주님의 음성이 들려왔다.

배가 묻혀있던 땅 속에서부터 빛이 올라오기 시작했다. 내가보니, 그 배가 땅 위로 다시 올라타 큰 비행접시가 되었다. 두 짐승들도 자기들의 모습을 크고 검은 모습으로 스스로 탈바꿈하였다. 비행접시의 문이 열렸다. 그리고 밝은 빛이 안에서 흘러 나오더니 땅으로 계단이 내려왔다.
그리고 안에서 음성이 들려왔다.
"지옥으로 꺼져라!"

대기 중에는 마귀적인 역사로 가득찼다. 계속 지켜보면서 절망적인 생각이 들었다. 파괴적인 힘이 비행접시 안에서 나오고 있었다. 환상을 보고 있는 나는 계속 그 자리에 있으면 죽을 것만 같았다. 어디론가 도망가고 싶었다. 비록 내가 영적인 상태로 있었지만 꼭 잡혀있는 것만 같았다.
갑자기 예수님이 나를 번쩍 안으시며 환상이 저 아래로 보일때까지 위로 올라가셨다. 아래있던 계단은 에스컬레이터가 되어 지구의 심장으로부터 오르락내리락 하고 있었다.
내가 예수님 옆에 있을 때는 언제나 안전하고 보호받는 느낌이 들었다.

주님의 음성이 들려왔다.

"이제 지옥을 나가자꾸나. 지금 보았던 일들은 앞으로 일어날 일이니라. 모든 사람들이 알 수 있도록 이것을 기록하거라."

내가 본 환상 속에서 에스컬레이터는 귀신들과 악의 영들을 끌어 올리고 있었다. 두 짐승은 비행접시 모양의 배 양쪽에 서 있으면서 다시 모습을 바꾸었다. 짐승의 울부짖는 듯한 큰 소리가 났다. 마치 모터 motor가 가장 빠른 속도를 낼 때 나는 소리 같았다. 짐승들의 머리는 커져 있었다. 빛이 그들의 손을 비추기 시작했다. 결국에는 두 짐승과 배가 서로 힘을 합치고 있었다.

많은 영혼들이 잠자면서 걷는 것처럼 보였다. 그리고 두 짐승 중에 한 짐승을 향해 걸어가고 있었다. 몇 시간이 지난 후 등골이 오싹해지는 장면을 보게 되었다. 마침내 사람들이 한 짐승의 몸 속으로 걸어들어 가더니 그 짐승의 몸 전체가 사람으로 가득차 버렸다. 내가 들으니 다른 짐승이 비행기가 이륙할 때 나는 요란한 소리를 내기 시작했다.

이 짐승은 비행접시 모양의 배에게서 큰 권능을 받는 듯했다. 그리고 공중을 향해 날아 가는데 다시 사람의 모양으로 모습이 바뀌었다. 날아갈 때 그의 머리는 헤드라이트처럼 빛으로 가득찼다. 그리고 그의 권능으로 빛나고 있었다.

그가 하늘 속으로 사라질 때 쯤에 그의 머리는 다시 배 모양으로 바뀌었다.

두 번째 짐승이 사람들로 채워지고 있을 때 여전히 첫 번째 짐승의 날아가는 소리가 들려왔다. 두 번째 짐승 속으로 사람들이 가득 찼을 때 마치 로켓이 그 자리에서 바로 위로 올라가는 것처럼 이 짐승도 그렇게 위로 올라갔다.

마침내 두 짐승이 하늘에서 다시 만나더니 천천히 회색 하늘 속으로 날아가 버렸다. 두 번째 짐승은 다시 사람의 모습을 하고 있었다. 그들이 안 보일때까지 비행기 날아가는 요란한 소리가 그들로부터 들려왔다.

나는 이것이 무엇을 의미하는지 알 수가 없었다. 나는 배를 보았고, 비행접시를 보았고, 그 비행접시가 땅위로 착륙하는 것을 보았다. 환상이 끝나갈 무렵 큰 재판하는 장소를 보게 되었다. 그리고 거기에는 심판하기 위한 큰 백보좌가 있었다.

13

지옥의 오른팔

첫 번째 환상이 끝난 후 예수님과 나는 지옥의 다른 부분으로 갔다.

"앞으로 보게 될 것은 마지막 때에 일어날 것들이니라."
예수님이 말씀하실 때 또 다른 환상이 앞에 나타났다.

"우리는 지금 지옥의 오른팔 안에 들어와 있단다."

우리는 높이가 좀 있고 황폐하게 보이는 작은 언덕 위로 걸어갔다. 언덕 위로 올랐을 때 아래를 내려다 보니 소용돌이 치는 강이 하나 보였다. 그 강 안에는 불구덩이라든가 악령이나 귀신들은 없었다. 단지 큰 강이 뚝 bank 사이로 흘러가고 있었다. 강 양쪽에 있는 뚝은 어둠으로 인하여 잘 보이지 않았다. 예수님과 나는 강으로 더 가까이 다가갔다. 강은 피와 불로 가득차 있었다.

더 자세히 들여다보니 강 안에는 수많은 영혼들이 있었는데 모두 서로 쇠사슬로 묶여져 있었다. 쇠사슬의 무게로 인하여 그 영혼들은 불못 안으로 가라 앉고 있었다. 지옥에 있는 모든 영혼들은 모두 불 속에 있게 된다. 여기에 있는 영혼들도 뼈밖에 없는 해골의 형태로 있었다.

"저것이 무엇이지요, 주님?"
"저기에 있는 영혼들은 불신자들과 경건치 못했던 자들의 영혼들이니라. 그들은 자기를 사랑하기를 하나님 사랑하는 것보다 더 했단다. 남자가 남자로 더불어 잤으며, 여자가 여자로 더불어 잤느니라. 그러고도 회개하지 않았단다. 그들은 죄의 삶을 즐겼으며 나의 구원의 손길을 거절했느니라."

나는 예수님 옆에 서서 불못 안을 들여다 보았다. 큰 용광로 안에 있는 불은 무엇이든지 삼켜 버릴 것처럼 타 오르고 있었다. 그 불은 거의 지옥의 오른팔을 채우고 있었다.

불이 우리 발 밑에까지 이르렀으나 우리를 건드리진 못했다. 강에 있는 불은 앞에 보이는 모든 것을 다 태우고 있었다. 이때 주님의 표정을 살펴 보았다. 슬픔과 부드러움이 잔잔히 흐르고 있었다. 그분의 표정에서 저 밑에 있는 영혼들에 대한 사랑과 긍휼함을 느낄 수 있었다. 나는 울었다. 그리고 이 장소를 속히 떠나고 싶은 마음 뿐이었다. 계속 앞으로 가는 것은 내게 무리일 것 같았다.

나는 다시 불 속에 있는 영혼들을 쳐다 보았다. 그들은 모두 홍당무처럼 빨갰다. 그리고 그들의 뼈는 타서 시커멓게 되어 있었다. 나는 그들이 후회하며 슬퍼서 처참하게 우는 소리를 들을 수 있었다.

주님이 말씀하셨다.
"이것이 그들의 고통이란다. 그들은 쇠사슬에서 쇠사슬로 서로 연결되어 있단다. 이들은 순리에 역행하여 남자가 남자로 더불어 잤으며, 여자가 여자로 더불어 잤느니라. 그들은 또 어린 영혼들을 유혹하여 같은 죄를 짓게 하였었다. 그들은 자기들의 행위를 '사랑'이라고 말했지만 결국은 이리로 오게 되었단다.

어떤 소년, 소녀, 남자, 그리고 여자들은 강제로 당하여 어쩔 수 없이 죄를 범했던 것을 나는 안다. 피해를 당한 영혼들에게는 책임을 돌리지 않겠노라. 그러나 기억할 것이 있다.

유혹하여 죄를 짓게 만든 자들에게는 더 큰 죄가 있느니라. 나는 공평하게 판단할 것이다.

모든 죄인들에게 이르노라. '회개하면 긍휼을 얻을 것이요. 내 이름으로 기도하라. 그리하면 나는 너희를 들을 것이니라.'

나는 때때로 그들이 내게 와서 회개하도록 불렀느니라. 그들이 내게 와서 회개하였더라면 나는 기꺼이 그들을 용서하고 깨끗하게 하였을 것이다. 나의 이름으로 자유함을 얻을 수 있었을 것이니라.

그러나 그들은 나를 듣지 아니하였단다. 그들은 육체의 정욕을 사랑하기를 하나님 사랑하는 것보다 더 하였느니라. 내가 거룩하므로 너희도 거룩하기를 원하노라. 부정한 것은 만지지 말지니라. 그리하면 너희를 받겠노라."

나는 불못에 있는 영혼들을 바라볼 때 굉장히 피곤함을 느꼈다.

주님이 말씀하셨다.
"시간이 너무 늦기 전에 그들이 내게 와 회개하였더라면 좋았을 것을. 나의 보혈은 누구든지 내게 오는 자에게 다 적용되느니라. 아무리 타락한 죄인이라 하더라도 살기 위해 내게 오면 나의 생명을 그들에게 주었느니라."

수많은 영혼들은 불이 타고 있는 강을 따라 함께 떠내려 갔다. 불길이 출렁되는 강의 위아래 어느 쪽이나 빠져나갈 구멍은 없었다. 그냥 불못에서 잠긴 채 타고 있었다. 피비린 내 나는 강이 흘러갈 때 한숨 쉬며 후회하는 울부짖음만이 들릴 뿐이었다.

우리는 강가로 나있는 길을 따라 위로 걸어갔다. 우리 앞에는 언덕 위에 앉아 있는 덩치가 매우 큰 여인이 있었다. 그녀는 술취한 여자처럼 몸을 앞뒤로 흔들흔들거리고 있었다.

그녀 위에는 글자가 씌여 있었는데 '큰 바벨론(계 17:5)'이라고 적혀 있었다.

나는 가증한 것들의 어미(계 17:5)가 지옥에서 나온 것임을 알았다. 그녀에게서 악하고 마귀적인 힘이 발사되고 있었다. 그녀 아래에는 백성과 무리와 방언들(계 17:15)이 있었다. 그녀는 일곱 머리와 열 뿔(계 17:7)을 가지고 있었다. 그녀 안에는 성도들의 피와 예수 증인들의 피가 있었다.

주님이 말씀하셨다.

"그녀에게서 나와서 따로 있으라. 때가 되면 그녀는 멸망받을 것이니라."

우리는 머리에 뿔들이 나있는 그녀를 지나 계속 걸어갔다. 점점 어두워지기 시작했다. 보이는 빛이라고는 예수님의 빛밖에 없었다. 우리는 다른 언덕 쪽으로 걸어갔다. 멀리서 불길이 솟아오르고 있는 것이 보였다. 공기는 점점 숨이 막힐 정도로 뜨거웠다.

우리는 그 언덕을 돌아 가다가 큰 문을 발견하였다. 그 문에는 여기 저기에 작은 구멍들이 뚫려져 있었다. 이 문은 언덕 허리 쪽에 위치해 있었다. 큰 쇠사슬 chain이 문위에 드리워져 있었고 불길이 이 문틈 사이로 솟아오르고 있었다. 문 전체는 큰 자물쇠로 단단히 잠겨져 있었다. 나는 이것이 무엇을 의미하는지 궁금하였다.

갑자기 길고 검은색 망토를 입은 사람이 문 앞에 나타났다. 그의 얼굴은 늙고 매우 피곤해 보였다. 그의 얼굴은 말 그대로 피골이 상접해 있었다. 그는 나이가 1,000살 쯤은 되어 보였다.

"저 문 뒤에는 무저갱 the bottomless pit이 있느니라. 나의 말은 진리이니라."

문 안쪽에 있는 불길은 끝없이 위로 올라 가려는 듯하였다. 열의 압력에 의하여 그 문은 위로 불룩불룩 튀어나와 있었다.

나는 말했다.

"오 주님, 사탄이 이 무저갱에 떨어지면 너무나 좋겠나이다. 그리고 모든 마귀의 역사가 이제 멈추었으면 합니다."

주님께서는 말씀하셨다.

"이리 오너라. 성령이 교회들에게 하시는 말씀을 들을지어다. 이제 마지막이 가까웠으니 각각 자기 죄를 회개하고 구원을 받으라. 자, 이것을 보아라."

우리는 평지에 서 있었다. 나는 영으로 주님과 함께 있었다. 다른 이상이 보여졌다. 이상 중에 불뱀이 꼬리로 공기를 가르고 있었다. 이 뱀의 움직임을 주시했다.

그리고 그 뱀이 지옥의 오른팔 쪽으로 되돌아가서 기다리고 있는 것이 보였다. 하나님의 말씀이 이루어질 때까지는 지구를 손대지 못하고 있는 것을 나는 알게 되었다.

나는 불과 연기가 지구 위로 올라가는 것을 보았다. 그리고 대기중에는 이상한 안개의 모양이 생겼다. 안개 여기 저기에서 시커먼 색깔이 나타나고 있었다. 뿔들이 불뱀 머리 위에서 자라기 시작했다. 그리고 그 뿔들은 지구 전체를 덮을 때까지 자라 올라갔다. 사탄은 그 불뱀에게 명령을 내리고 있었다. 거기에는 귀신들과 악령들이 있었다. 그리고 불뱀이 지옥의 오른팔에서 나오더니 있는 힘을 다해 지구를 꼬리로 치기 시작했다. 이 뱀의 힘에 많은 사람들이 죽어갔다.

주님이 말씀하셨다.

"이 일들은 마지막 때에 일어날 일들이니라. 자, 더 위로 올라 가자꾸나."

이 글을 읽으시는 분들이시여, 만일 내가 앞에서 언급한 죄들을 짓고 있다면 이제 그만 중단하시고 당신을 구원하시도록 주 예수님을 부르세요. 당신은 지옥에 갈 필요가 없습니다. 그가 가까이 계실 때에 그를 부르세요. 주님이 당신을 들으실 것이며 구원하실 것입니다.

누구든지 주의 이름을 부르는 자는 구원을 받으리라

(행 2:21)

14
지옥의 왼팔

"이러한 일들은 이제 시작이니라. 아직 일어나지는 않았으나 곧 이 지구상에 일어날 것이다. 불뱀은 짐승의 일종이니라. 이제 너희가 읽을 다음의 예언들은 사실이니라.

주의깊게 읽고 기도하라. 서로 사랑하라. 너희 스스로를 거룩하게 하라. 너희의 손을 깨끗하게 하여라."

'남편된 자들이여, 그리스도가 교회를 사랑하듯 아내들을 사랑할지니라. 남편들과 아내들아 내가 너희를 사랑한 것처럼 너희도 서로 사랑할지니라. 나는 결혼식 때에 기름을 붓고 나의 말로 축복했다. 혼인 후 침실을 거룩하게 할지니라. 모든 불의로부터 너희를 스스로 깨끗하게 하고 내가 거룩한 것처럼 너희도 거룩할지니라.'

"하나님의 거룩한 백성들이 아첨꾼들에 의하여 잘못된 길로 빠져 왔느니라. 속지 말라. 하나님은 만홀히 여김을 받지 아니하시나니 누구든지 귀를 열고 내 말에 귀 기울이면 깨달음이 너희에게 올 것이니라. 이것은 교회들을 향한 주님의 메시지니라. 나의 거룩한 곳에 서서 아첨하는 말로 사람들을 유혹하는 거짓 선지자들을 조심하라.

오, 땅에 거하는 자들이여. 나의 많은 백성이 거짓된 교리에 속아 다 자고 있구나. 깨어 있으라! 깨어 있으라! 내가 네게 이르노니 모든 불의가 죄니라. 영과 육의 모든 죄에서 너희를 깨끗하게 할지니라.

나의 거룩한 선지자들은 거룩한 삶을 살았느니라. 그러나 너희는 나와 나의 거룩함에 대항하여 살아왔도다. 그리하여 스스로 악을 너희에게로 가지고 왔다. 죄를 짓고 병과 죽음도 가져 왔느니라. 너희는 불법을 행하고 나를 사악한 방법으로 대항해 왔느니라. 너희는 내 교훈과 심판을 무시하고 선지자들이나, 여선지자들, 나의 종들의 말에 마음을 열지 않았느니라. 그리하여 축복 대신에 저주가 왔느니라. 그럼에도 너희는 내게 돌아와 너희 죄를 회개하지 않았도다.

만일 너희가 내게 돌아와 회개하고 의의 열매를 맺으면 너희 가정을 축복할 것이요, 너희의 결혼생활을 축복하리라. 만일 너희가 스스로 겸비하여 나를 부르면 내가 듣고 너희를 축복할 것이니라.

들으라, 나의 거룩한 말씀을 선포하는 사역자들아, 하나님을 대항하여 죄를 짓지 않도록 가르치라. 하나님의 집에서 심판이 반드시 있음을 명심할지니라. 만일 회개하지 아니하면 너희를 이 세상에서 옮길 것이니라. 내가 보고 듣지도 못하는 줄 아느냐?

진리를 전하되 너희 속은 불의로 가득하며 가난한 자들의 금과 은을 주머니에 가지고 다니는 자들아, 내가 엄히 경고하노니 때가 너무 늦기 전에 회개할지니라. 심판의 날, 너희가 내 앞에 서는 날, 너희 모든 행위가 일일이 드러날 것이니라. 만일 너희가 회개하며 나를 부르면, 너희 땅에서 저주를 거두고 헤아릴 수 없는 축복을 쏟아 부어 주리라. 만일 회개하고 죄를 부끄러워하면, 너희에게 자비와 긍휼을 베풀고 너희 죄를 다시 기억하지 아니하겠노라. 능히 이기는 자가 되도록 기도할지니라.

항상 깨어 있으라. 사람들을 잘못 인도하고 그들에게 거짓된 교리를 가르친 자들이여, 그 사람들에게 용서를 구하라. 너희가 죄를 지었고 양떼들을 흩어지게 했노라고 말하라. 그들에게 사과할지니라.

볼지어다. 나는 거룩한 군대를 준비하고 있느니라. 그 군대는 나를 위하여 큰 일을 행할 것이며 너희의 높아진 것들을 부서뜨리리라.

그 군대는 거룩한 남자와 여자와 소년, 소녀들로 구성되어 있으며 그들은 진리의 복음을 전하고 병든 자들에게 손을 얹고 기도하며, 죄인들이 회개하도록 돕기 위해 기름 부으심을 받은 자들이니라.

이 군대는 직장인들, 가정주부들, 청년 남녀들 그리고 학생들로 이루어졌다. 그들은 지극히 평범한 사람들로서 주님의 부르심에 응한 자들이니라. 그러나 상류 계층 사람들 중에서 이 부르심에 응한 사람들은 거의 없다. 평범한 자들은 과거엔 오해받고 따돌림받고 거절당하는 처지에 있었다. 그러나 나는 거룩함과 신령함으로 그들을 한없이 축복하였느니라. 이들은 나의 예언을 이루며 나의 뜻을 행할 것이니라. 나는 그들과 같이 동행할 것이며 그들과 상의하며 함께 일할 것이니라.

들을지어다. 이 군대는 많은 이들을 의의 길로, 거룩의 길로 인도하리라. 나는 또 나의 군사들을 모으기 위해 각 도시들과 마을들을 돌아다닐 것이니라. 많은 사람들이 내가 나의 군사로 모집한 자들을 보고 깜짝 놀랄 것이다. 그들은 땅을 돌아 다니며 나의 이름을 증거하기 위하여 일할 것이니라. 깨어 나의 권능이 일하는 것을 보아라.

다시 너희에게 이르노니 혼인 자리를 더럽히지 말라. 성령께서 거하시는 너희 몸을 더럽히지 말지니라. 육신이 죄를 범하면 너희 영혼이 그 죄를 담당하느니라.

혼인 자리를 거룩하게 지키라. 나는 남자를 위하여 여자를 지었으며 여자를 위하여 남자를 지었느니라. 둘이 결혼을 통하여 서로 하나가 될지니라. 다시 말하노니 깨어 있으라."

주님은 지옥의 왼팔에 대한 이상들을 많이 보여 주셨다. 그러나 그것들을 지금 공개해서는 안 된다고 하셨다. 대부분의 환상은 마지막 때에 일어날 일에 대한 것이었다. 그리고 그때 많은 이들이 은혜에서 떨어져 나갈 것이라고 하셨다.

이상 중에서, 주님은 내게 그리스도의 지체, 하나님의 자녀들에 대한 사역, 짐승의 자녀들, 그리스도의 재림에 대한 계시를 주셨다. 그러나 주님은 이렇게 말씀하셨다.
"나중에 그것을 공개하기 바란다. 지금은 때가 아니니라."

주님께서는 말씀을 이어나가셨다.
"이 군대는 선지자 요엘에 의하여 예언되었느니라. 이 군대는 땅에서 일어나고 하나님을 위하여 큰 일을 할 것이니라. 그의 아들이 날개 가운데 일어나 사악한 자를 치며 그의 발 밑에 두어 재가 되게 하리로다.

그들은 '주님의 군대'라 불리우리라. 나의 은사를 그들에게 주리니 그들이 나의 일을 성취할 것이니라. 그들은 주님의 영광을 위하여 일할 것이다."

> 말세에 내가 내 영을 모든 육체에 부어 주리니 너희의
> 자녀들은 예언할 것이요 (행 2:17)

"이 군대는 악의 세력과 싸울 것이며 사탄의 일을 좌절시키리라. 그들은 짐승이 일어나기 전에 많은 이들을 그리스도에게로 돌아오게 할 것이니라."

"자 됐다. 이제 돌아갈 시간이니라."
마침내 이상이 끝나고, 우리는 '지옥의 왼팔'을 떠나게 되어서 무척 기뻤다.

우리가 떠날 때 예수님께서 말씀하셨다.
"너의 가족에게 내가 너희를 사랑한다고 이야기해 주고 그들을 사랑으로 온전하게 하거라. 너의 가족이 나를 온전히 신뢰하기만 하면 악한 자가 너희를 만지지도 못하게 되리라."

15
요엘의 날들

한 음성을 들으니 주께서 말씀하셨다.
"이것들을 기록하라. 이는 신실하고 진실하니라."

나는 성령에 이끌리어 다시 주님과 함께 있게 되었다. 주님은 굉장히 크셨다. 나를 위로 끌어 올리셨다. 그의 음성은 천둥처럼 컸다.
"지구에 있는 자들은 볼지어다. 이 일들은 지금도 있고, 옛날에도 있었고, 앞으로도 있을 것이니라. 나는 처음이요, 나중이니라. 나를 섬기라. 나는 창조주이며 사망 대신에 생명을 주느니라. 너희의 악에서 떠나 나를 부르라. 내가 고치고 너희를 건지리라. 이 책에서 읽는 것들은 모두 사실이니

라. 그리고 이 모든 일들은 곧 지나갈 것이니라.

회개하라. 시간이 가까이 왔느니라. 주의 영광이 곧 나타날것이니라. 예비하고 있으라. 너희는 그날과 시간을 알지 못하느니라. 나를 기다리고 있는 자들에게 큰 상이 있을 것이니라. 끝까지 믿음을 지키고 의와 진리로 나를 섬기는 자들을 축복할 것이니라.

그들이 알기 전에 축복이 그들에게 임할 것이니라. 끝까지 부르심에 신실한 자들과 내 이름을 부인하지 아니하는 자들을 위해 축복을 예비해 놓았노라."

> 내 이름으로 일컫는 내 백성이 그들의 악한 길에서 떠나 스스로 낮추고 기도하여 내 얼굴을 찾으면 내가 하늘에서 듣고 그들의 죄를 사하고 그들의 땅을 고칠지라 (대하 7:14)

> 너희는 금식일을 정하고 성회를 소집하여 장로들과 이 땅의 모든 주민들을 너희 하나님 여호와의 성전으로 모으고 여호와께 부르짖을지어다 슬프다 그 날이여 여호와의 날이 가까웠나니 곧 멸망 같이 전능자에게로부터 이르리로다 (욜 1:14-15)

"나를 신뢰하라. 그리하면 내가 전에 너희에게 보낸 큰 군대 곧 메뚜기와 느치와 황충과 팥중이가 먹은 햇수대로 너희에게 갚아 주리라(욜 2:25).

내가 택한 나의 위대한 군대는 지위나 활동 범위에 상관없이 자기들이 있는 장소에서 쓰임받게 될 것이다. 이 군대는 놀라운 일을 이루어 낼 것이며 내가 그들의 힘이 되기에 결코 누구에게도 정복당하지 않을 것이다.

그들의 목소리는 나팔처럼, 천둥번개처럼 들릴 것이다. 그리고 모든 사람들은 내가 주 너희 하나님임을 들을 수 있을 것이다."

* * * * * *

사랑하는 주 예수님!

저도 이 군대의 한 군사가 되었으면 합니다. 꼭 그 군대의 일원이 되고 싶습니다. 그러나 먼저는 예수님처럼 순결하고 거룩해야 함을 압니다. 예수님의 흘리신 보혈로 저를 모든 불의에서 깨끗하게 씻어 주세요. 항상 회개하는 심령을 주시고, 모든 미워함과 죄악들이 없게 하소서.

아버지, 하나님의 많은 자녀들이 지금 자고 있음을 압니다. 우리로 의의 열매를 맺도록 하기 위하여 우리 질그릇을 깨뜨리시고 우리를 낮추실까 두렵습니다.

주님, 다시는 지옥에 가서 거기 머물러 있고 싶지 않습니다. 오 주님, 제가 사람들에게 경고할 수 있도록 도와주세요. 제게 권능을 더하사 지옥이 팽창되는 것을 막게 하소서. 저와 당신의 백성들이 착하고, 친절하며, 서로 용서하고, 서로 사랑하게 하소서. 우리로 항상 진리만을 말하게 하소서.

예수 그리스도가 곧 다시 오심을 나는 압니다. 그리고 예수님이 우리에게 줄 상을 가지고 오실 것입니다. 제가 세상에 전해야 할 복음이 "회개하라. 주의 날이 가까이 왔다."라는 것도 압니다. 아버지여, 이 사람들의 피값이 내 손에 있기를 원치 않습니다.

16
지옥의 중심부

다시 주님과 나는 지옥으로 갔다.

"캐더린, 내가 네게 보여 주고 일러 준 말들을 글로 써서 세상에 알릴 목적으로 너는 이 땅에 태어났단다. 이 모든 것들은 사실이며 진실이니라. 너를 부른 이유는 너를 통하여 이 세상에 지옥이 있다는 것과 또한 피할 길이 있음도 알려 주기 위함이란다.

나는 지옥의 모든 부분을 보여 주진 않겠다. 그러나 상당히 많은 부분을 보여 주겠다. 자 이제 가서 어둠의 세력과 그들의 종말을 보러 가자꾸나."

우리는 다시 지옥의 배 The Belly of Hell로 가서 조그마한 입구가 보이는 쪽으로 걸어갔다. 나는 주위를 돌아보며 우리가 지금 어디쯤 가고 있는지 살펴 보았다. 우리는 '지옥의 중심부'에 있는 지옥 교도소의 한 감방 앞을 걸어가고 있었다. 한 아름다운 여인이 있는 감방 앞에서 우리는 멈추었다. 이 여인이 감금되어 있는 감방 입구에는 'B.C.(기원전)'라는 명패가 달려 있었다.

나는 그 여자가 이야기하는 소리를 들었다.
"주님, 언젠가는 여기 오실 줄 알았어요. 저를 이 고통의 장소에서 건져 주세요."

그녀는 고대 시대의 복장을 하고 있었으며 굉장히 아름다웠다. 아마 그녀는 여기에 수천년 동안 있었던 것 같다. 그녀의 영혼은 고통 중에 있었다. 그녀는 감방 쇠창살을 잡아 당기며 울고 있었다.

예수님은 부드럽게 말씀하셨다.
"잠잠하며 평강이 있을지어다."

예수님의 목소리에는 슬픔이 담겨 있었다.
"여자여, 네가 여기 왜 왔는지 알지 않느냐."

"예, 알고 있습니다. 그러나 지금 저는 변했습니다. 나는 구원의 말씀들을 기억하고 있습니다. 이제 착하게 살겠습니다. 이제 당신만을 섬기겠습니다."

그녀는 울면서 말하였다.

갑자기 그녀는 주먹을 꼭 쥐고 비명을 지르기 시작했다.
"나가게 해 주세요! 저를 나가게 해 주세요!"

이때, 그녀는 우리가 보는 앞에서 모습이 변하기 시작했다. 그녀의 옷이 타기 시작했다. 그녀의 살점들이 땅에 떨어졌다. 결국 남은 것이라고는 불에 탄 뼈들과 구멍난 두 눈의 자리, 그리고 뼛속에 영혼만이 남았다. 그녀는 결국 바닥에 쓰러졌다. 너무나 무서운 모습이었다. 그녀의 미모는 순식간에 사라져 버렸다. 이 여자는 예수님이 태어나시기 전부터 여기 감금되어 온 것이다.

예수님이 말씀하셨다.
"너는 너의 종말이 이렇게 될 것이라는 것을 알고 있었다. 모세는 너희에게 율법을 주었고 너도 그 율법을 들은 적이 있느니라. 율법에 순종하는 대신에 너는 점쟁이 마녀가 되어 사탄의 도구가 되는 것을 택하였다. 너는 빛보다는 어둠을 사랑했고 너의 행위는 가증하였느니라. 네가 만일 진심으로 회개하였더라면, 내 아버지가 너를 용서하셨을 것이다. 그러나 지금은 너무 늦었다."

그 영혼에 대한 슬픔과 아픔 속에서 우리는 걸어갔다. 지옥에서 그녀의 고통은 끊이지 않았다. 우리가 걸어 갈 때 그녀는 뼈 뿐인 손을 감옥 창살 밖으로 내밀며 우리를 만지려고 안간힘을 다하고 있었다.

"캐더린, 사탄은 사람들을 넘어뜨리기 위하여 수단과 방법을 다 동원한단다. 그는 사람들이 자기를 섬기도록 밤이나 낮이나 일하느니라. 만일 너희가 하나님을 섬기는 일을 하지 않으면 그것은 사탄을 섬기는 것이 된단다. 생명을 택하라. 진리가 너희를 자유롭게 하리라."

얼마가지 않아서, 우리는 다른 감방 앞에서 멈춰섰다. 안에서 "누구요? 누구요?"라고 묻는 남자의 음성이 들려왔다. 감방 안에서 먼저 누구냐고 묻는 경우는 이번이 처음이었다.

예수님이 말씀하셨다.
"그는 맹인이니라."

이때 한 소리가 들려와서 돌아보니, 우리 앞에 날개가 부러진듯이 보이는 악령이 다른 쪽을 바라보며 서 있었다. 나는 예수님 곁으로 더 바짝 다가갔다. 다시 그 남자를 바라보았다. 그는 등을 우리에게로 돌리고 있었다. 뼈만 남은 온몸에는 불이 붙어 있었으며 시체가 썩는 악취가 났다.

그는 허공 중에 헛손질을 하며 외치고 있었다.

"도와주세요, 누가 절 좀 도와주세요!"

부드러운 음성으로 주님이 이르셨다.

"잠잠하고 평강할지니라."

이 남자가 주님의 목소리가 나는 쪽을 향해 울며 애원하였다.

"주님, 오실 줄 알고 있었어요. 이제 회개합니다. 저를 이곳에서 나가게 해 주세요. 저는 옛날에 어리석은 사람이었습니다. 맹인인 것을 이용해서라도 내 목적을 달성했습니다. 나는 마술사였으며 사탄을 위하여 많은 사람들을 현혹시켰습니다. 그러나 주님, 이제 회개하오니 저를 이곳에서 나가게 해 주세요. 밤이나 낮이나 이곳에서 불로 고통받고 있습니다. 여기엔 물이 없어요. 너무 목마릅니다. 저에게 물 한 컵이라도 주시지 않겠습니까?"

우리가 그 장소를 떠나고 있어도 그는 여전히 주님을 부르고 있었다. 나는 슬픔으로 인하여 마음이 울적해졌다.

주님이 말씀하셨다.
"모든 마술사와 사탄의 사역자들은 불과 유황으로 타는 이곳에서 고통을 받게 될 것이다. 이것이 둘째 사망이니라."

우리는 또 다른 남자가 갇혀 있는 감방으로 갔다.
"주님, 나는 당신이 여기에 오시어 나를 풀어 주실 줄 알고 있었어요. 저는 오랫동안 회개하고 있었습니다."
그도 역시 온몸이 뼈밖에 남지 않았고 온몸에는 불과 구더기들로 뒤덮여 있었다.

"불쌍한 영혼이여, 너는 아직도 거짓말과 죄로 가득차 있구나. 너도 알다시피, 너는 거짓말쟁이인 사탄의 종이 아니었더냐. 한번도 진실을 이야기한 적이 없으므로 죽음만이 너를 기다리고 있었느니라. 종종 구원의 소식을 들은 적이 있었으나 그때마다 너는 구원을 우습게 여기고 성령을 조롱하였다. 평생토록 너는 거짓말을 했으며 내 말을 듣지 않았도다. 너는 너의 아비 마귀에게 속하였느니라. 모든 거짓말하는 자들을 위하여 이곳 불못에 각각 자리가 준비되어 있다. 너는 성령을 훼방하였느니라."

이 남자는 갑자기 주님을 향해 욕설을 하며 저주의 말을 퍼부었다. 우리는 계속해서 발길을 옮겼다. 이 영혼은 영원토록 지옥에 있게 될 것이다.

"내게로 오는 자가 나를 위하여 목숨을 버리면 얻을 것이요, 더 풍성히 얻을 것이니라. 그러나 죄인은 지구상에 있을 동안에 회개하여야 한단다. 그들이 여기에 도착할 때면 이미 때는 늦었다. 많은 죄인들은 하나님과 사탄을 동시에 섬기기를 원한단다. 그리고 아직 시간이 있으니 하나님의 은혜는 나중에 받자는 식으로 사는 사람들이 많이 있단다. 진실로 현명한 자는 나를 섬기기 위해 바로 오늘을 선택할 것이니라."

곧, 우리는 다른 감방 앞에 이르렀다. 안에서 슬프고 절망에 찬 소리가 흘러 나왔다. 해골만 남은 사람이 바닥에 웅크리고 앉아 있었다. 그의 뼈들은 불에 타서 시커멓게 되어 있었고 그 속에 그의 영혼이 어두운 회색을 띠며 있었다. 육체의 몇 부분은 떨어져 나가고 없었다. 연기와 불길이 그를 둘러싸고 있었다. 구더기들이 그의 속을 기어 다니고 있었다.

주님이 말씀하셨다.
"이 사람은 죄를 많이 지었단다. 그는 살인범이었으며 그의 마음 속에는 증오가 가득하였다. 내게 회개하면 내가 그를 용서한다는 것을 그는 믿지 않았느니라."

"주님, 그의 살인죄와 증오심을 주께서 용서해 주는 것을 믿지 않았다는 말씀이신지요?"

"그렇단다. 그가 믿기만 하였어도 크고 작은 모든 죄를 사함 받을 수 있었을 텐데. 그는 계속 죄짓기를 고집했으며 결국 죽어 여기 오게 되었느니라. 그에게는 나를 섬기며 복음을 믿을 수 있는 기회들이 많이 있었지. 그러나 그는 그것을 거절하였느니라. 지금은 너무 늦었단다."

그 다음 감방은 악취로 가득차 있었다. 사방에는 신음소리, 울부짖는 소리들이 깔려 있었다. 나는 너무 슬퍼서 속이 울렁거렸다. 그러나 세상에 있는 사람들에게 이것을 알리기 위해서는 이 모든 것을 참고 이겨 나가기로 결심했다.

"절 좀 도와주세요."

여자의 음성이 들려서 그쪽을 자세히 들여다 보았다. 보통사람의 눈과 같이 되어 있었으나 불에 덴 자국이 남아 있었다. 나는 너무 그 영혼이 불쌍해서 몸을 떨었다. 그 영혼이 정말 불쌍했다. 그녀를 옥에서 속히 꺼내주고 싶은 충동이 강하게 일어났다.

"주님, 너무 괴롭습니다. 이제 바로 살겠습니다. 전에 당신을 알았고 주님은 저의 구세주이셨습니다."
그녀는 손으로 감방 쇠창살을 쥐면서 말했다.

"왜 지금은 저의 구세주가 될 수 없으시죠?"라고 이야기할 때 한 웅큼의 살점들이 떨어져 나갔다. 남은 것은 해골 뿐이었다.

그녀는 울면서 이야기했다.
"주님, 제 암도 고쳐 주셨잖아요. 더 이상 심한 병이 생기지 않게 다시는 죄를 짓지 말라고 하셨잖아요. 주님, 제가 노력했던 것을 아시잖아요. 저는 노력했습니다. 나는 또한 당신을 증거하기도 했습니다.

그러나 당신을 증거하는 삶이 인기가 없다는 것을 알게 되었습니다. 나는 사람들이 나를 좋아하기를 원했습니다. 그래서 세상으로 돌아갔습니다. 그리고 육체의 정욕에 완전히 빠져 버렸습니다. 나이트 클럽이나 독한 술을 좋아하기를 주님보다 더 좋아 했습니다. 크리스천 친구들과 연락도 끊어 버렸습니다. 그리고 내가 7배나 더 나쁘게 된 것을 나중에 알게 되었습니다.

나는 비록 이 여자, 저 남자와 놀아났지만 언젠가는 주님께 돌아올 생각이었습니다. 나는 그때 사탄에게 사로잡히고 있는 줄을 몰랐습니다. 나는 아직도 시간이 있다고 생각했습니다. '내일 나는 예수님께 돌아가지 뭐. 그러면 그분은 나를 용서하시고 받아 주실거야.' 라고 생각했습니다. 그러나 나는 너무 미루었습니다. 이제는 너무 늦어 버렸습니다."

그녀의 눈이 빨갛게 충혈되기 시작하더니 불이 솟아올랐다. 눈은 타버리고 어디론가 사라져 버렸다. 그 모습을 본 나는 놀라서 비명을 지르며 주님께 쓰러졌다. 이렇게 예수 믿는 것을 차일피일 미루며 사는 영혼들이 얼마나 많을까? 아마 나의 사랑하는 자들 중에도 이런 사람들이 있을지 모른다는 생각이 들었다.

죄인들이여, 깨어 있으세요. 시간이 얼마남지 않았습니다.

우리는 계속해서 다른 감방으로 발을 옮겼다. 그 안에는 뼈만 남은 영혼이 갇혀 있었다. 그 영혼은 지옥에 온 것에 대하여 정말로 후회하며 고통으로 인하여 울고 있었다.

주님이 말씀하셨다.
"캐더린, 이 책을 읽는 사람 중에 어떤 이들은 이 책을 소설책이나 영화같은 내용으로 간주해 버릴지도 모른다. 그리고 이 책의 내용이 사실이 아니라고 생각할 수도 있다. 그러나 너는 안다. 지옥이 실존함을. 이것을 위하여 나는 너를 나의 영으로 인도하며 여러 번 지옥으로 데리고 왔지 않느냐. 나는 지금까지 너에게 많은 것을 보여 주었고 너는 그것들을 세상에 알려야 하느니라."

길 잃은 자들이여, 만일 회개하고 침례를 받으며 예수 그리스도의 복음을 받아들이지 않는다면 이 지옥은 당신 영혼의 종착지가 될 것이다.

"이 남자는 나에 대한 반항으로 여기에 와 있단다. 반항의 죄는 마술을 행하는 죄와 같으니라. 나의 복음을 듣고 진리의 길을 알고 나서도 회개하지 않는 죄가 반항죄니라. 지옥에 오는 사람들 대부분이 이 죄에 해당하느니라."

그 남자가 예수님께 말을 꺼냈다.
"한때 예수님을 나의 주님으로 모시고 살아보려고도 했습니다. 그러나 길이 너무 좁고 협착한 것 같았습니다. 그래서 나는 넓은 길을 택했습니다. 죄를 짓는 것이 훨씬 쉬웠습니다. 나는 의롭게 살 필요가 전혀 없었습니다. 나는 죄악의 길을 좋아했습니다. 나는 독주를 마시기를 좋아했으며 주님의 말씀에 순종하며 사는 삶보다 이 세상 일을 택했습니다.
그러나 그때 왜 제가 주님이 보내 주신 사람들의 말을 듣지 않았는지 후회스럽습니다. 저는 그들의 말을 듣는 대신에 죄악을 범했고 회개하지 않았습니다."

그 영혼은 온몸을 움직이며 울고 있었다.
"수년 동안 저는 여기에서 고통을 받고 있습니다. 내가 어떤 자인지 그리고 한번 여기에 들어오면 결코 빠져나가지 못한다는 것도 알고 있습니다. 나는 밤이고 낮이고 구더기들과 뜨거운 불길 속에서 이렇게 고통받으며 살아가고 있습니다. 나는 크게 울어보지만 누구 하나 도와주러 오는 이가 없습니다. 그 누구도 내 영혼을 돌아보지 않습니다. 여기서는 그 누구도 나를 돌아보지 않아요."

말을 끝내고 난뒤, 땅에 푹 쓰러져서 울기 시작했다.

우리는 다음 감방으로 갔다. 한 여자가 앉아서 뼈에 붙은 구더기들을 손으로 하나씩 떼어내고 있었.

그녀는 예수님을 보자 울기 시작했다.
"주님, 저를 도와주세요. 이제 착하게 살 거예요. 저를 이곳에서 나가게 해 주세요."라고 이야기하며 일어나더니 감방 쇠창살에 매달렸다. 그녀가 불쌍하게 느껴졌다. 그녀가 울 때 온몸이 흔들거렸다.

"주님, 제가 지구상에 있을 때 나는 힌두교를 믿으며 많은 우상을 섬겼습니다. 선교사들이 전하는 복음을 수 없이 들었지만 나는 그것을 믿지 않았습니다. 어느 날 죽어 일어나 보니 지옥에 와 있었습니다. 나의 신들에게 이 지옥에서 구해 달라고 소리 질렀지만 아무런 대답이 없었습니다. 주님, 이제 회개하고 싶습니다."

주님이 말씀하셨다.
"이제 너무 늦었느니라."

우리가 다시 발길을 옮길 때 불길이 그녀를 덮어 버렸다. 찢어지는 그녀의 고통소리가 귀에 들려왔다. 그녀는 사탄에게 속아온 것이다.

슬픈 목소리로 예수님께서 말씀하셨다.
"자, 내일 오자꾸나. 이제 집으로 갈 시간이다."

17
하늘들에서의 전쟁

주님의 영이 나를 이끄시어, 다시 우리는 지옥으로 갔다.

예수님께서 말씀하셨다.
 "여기에 있는 많은 영혼들은 마술, 점성술, 우상숭배, 불순종, 불신, 술취함, 육체의 타락, 영적 타락으로 인하여 여기에 와 있느니라. 한 가지 지금까지 말하지 않은 비밀을 보여 주겠다. 악의 세력을 대항하여 기도하는 법을 보여 주겠노라."

우리는 '지옥의 심장부'를 지났다.

예수님께서 말씀하셨다.

"우리는 이제 '지옥의 입'으로 갈 것이다. 지옥은 스스로 팽창하고 있다는 것을 모든 사람이 알았으면 좋겠구나."

우리는 멈추어 섰다. 주님께서는 나에게 일러주셨다.
"네가 보는 것들을 믿어야 하느니라."

갑자기 앞에 이상이 나타났다. 그 이상 중에 예수님과 나는 지구 훨씬 위에 있는 우주 공간에 서 있었다. 그리고 지구 위에 있는 한 영적인 원 spiritual circle을 보았다.

그 원은 육안으로는 볼 수는 없었으나 영안으로는 잘 볼 수가 있었다. 이 이상은 공중의 권세 잡은 자와의 싸움과 관계가 있음을 알았다.

계속 지켜보고 있으니, 거기에는 몇 개의 원이 더 있었다. 처음 원 안에는 많은 악령들이 모여 있었다. 이 악령들은 마녀 모양을 하고 있었다. 그들은 하늘 여기 저기를 날아다니며 믿는 자들에게 영적인 타격을 입히고 있었다.

예수님이 말씀하셨다.
"나는 내 자녀들에게 내 이름으로 악의 세력을 쫓아낼 수 있는 권능을 주었노라. 자 어떻게 기도하는지 잘 배우거라."

한 이상한 형상이 다른 원 안에서 올라와서 몸을 돌리기 시작하더니 주문을 외는 것을 보았다. 그러자 한 귀신이 나타나 지구를 향하여 사악한 일을 벌리고 있었다. 그 귀신은 남자 마법사의 영이었다.

그는 몸을 돌리며 웃더니 손에 지팡이를 잡으며 지구상에 있는 사람들을 향해 나쁜 주문을 외우기 시작했다. 많은 귀신들이 이 마법사 귀신과 동행했다. 그리고 사탄은 그 마법사 귀신에게 더 많은 권능을 주었다.

주님이 말씀하셨다.
"볼지어다, 이 땅에서 묶으면 하늘에서도 묶일 것이니라. 만일 이 마지막을 살아가는 성도의 기도가 사탄을 묶으면 사탄도 묶일 것이니라."

다른 원에서 마술사가 솟아올랐다. 그리고 그는 명령을 내리고 있었다. 그가 명령을 내릴 때마다 불 비가 지구상에 내렸다. 그는 많은 나쁜 것들을 이야기 했다. 그는 지구상에 있는 사람들을 속이기 시작했다. 계속 지켜보고 있으니, 지구 저 높은 곳에서 두 명의 귀신이 그와 서로 합류했다. 이들은 모두 공중의 권세 잡은 자에게 속한 자들이었다.

이들은 악한 일을 도모하기 위해 어느 일정한 장소에서 마법사들과 서로 만나더니 자기들의 권능을 이 마법사들에게 주는 것이었다. 어둠의 사역자들이 그들 둘레로 모여 들었다. 그리고 그들이 원하는 대로 귀신들이 오기도 하고 가기도 했다.

예수님이 말씀하셨다.
"자, 지켜보거라. 여기에서 성령님이 너에게 커다란 진리를 보여 줄 것이다."

나는 이상 속에서 지구에서 일어나고 있는 무시무시한 일들을 목격하게 되었다. 악의 세력의 역사는 더욱 확대되어 갔고 죄는 범람하게 되었다. 악의 세력은 사람들로 하여금 훔치고, 거짓말하고, 서로 속이고, 서로 상처주고 상처받게 만들며, 갖가지 욕설과, 육체의 정욕에 완전히 빠져들게 하고 있었다. 악이라는 악은 하나도 빠짐없이 지구에 쏟아 부어지고 있었다.

"예수님, 너무나 무서운 장면이군요."
"캐더린, 내 이름 앞에서는 악한 영들이 도망갈 수밖에 없단다. 전신갑주를 입으라. 그리하면 이 악한 날에 능히 설 수 있으리라."

귀신들이 타락과 비방거리들을 지구에 쏟아 넣고 있을 때 하나님의 사람들이 기도하고 있는 것을 볼 수 있었다. 하나님의 사람들은 예수 이름으로 믿음 안에서 기도하고 있었다. 그들이 기도할 때 하나님의 말씀이 귀신들을 강타하기 시작했다.

그러자 귀신들은 땅에서 설 곳을 잃어가고 있었다. 성도들이 기도할 때 악의 세력은 힘을 잃어가고 있었다. 나쁜 주문들이 깨어졌다. 지옥의 세력에 의해 힘을 잃었던 사람들이 다시 강해졌다.

또 내가 보니, 천사들이 수만, 수천의 줄을 지어 서 있었다. 각 줄마다 약 600명씩 서 있는 것 같았다. 사람들이 하나님을 많이 믿을수록 천사들은 앞으로 전진하였다.

하나님이 명령을 내리시니 그분의 권능은 강력하게 나타나셨다. 하나님께서는 사탄의 역사를 물리치기 위하여 하나님의 사람들과 천사들에게 강한 힘을 주셨다. 하나님은 하늘에서 악의 세력과 싸우고 계셨다.

사람들이 하나님을 믿고 기도할 때 악의 세력들이 무너졌다. 그러나 불신이 자리잡고 있을 때는 악의 세력들이 이기기 시작했다.

주님께서 말씀하셨다.

"나의 백성이 믿음을 가지고 서로 서로 마음을 합하며 나와 함께 할 때에 이 모든 것들이 아버지의 발 아래 엎드릴 수 있느니라."

하늘과 땅이 서로 마음을 합할 때에 우리의 적들을 물리칠 수 있는 것이다.

하나님의 사람들의 찬양으로 지구에서 위로 올라갈 때 악의 세력들은 물러가기 시작했다. 하나님의 성도들이 있는 힘을 다해 마귀의 계교를 대항하며 기도할 때 나쁜 주문들과 저주들이 깨지기 시작했다. 그리고 성도들이 승리를 쟁취하였다.

하나님의 천사들이 귀신들과 지옥의 세력들과 싸울 때 기도를 통하여 성도들이 마귀의 세력에서 해방되었다. 성도들이 마귀의 세력에서 해방되자, 하나님을 향한 찬양이 귀를 울리며 커져 갔다.

그리고 그 찬양들은 더 많은 승리를 가져왔다. 그러나 기도의 결과가 나타나지 않을 때, 즉시 찬양이 멈추고 악의 세력들이 전쟁에서 이기기 시작했다.

나는 이때 한 천사가 크게 이야기하는 소리를 들었다.
"오 주님, 당신의 사람들의 믿음이 너무 약합니다. 만일 저들이 사탄의 세력에서 해방되려거든 저들의 믿음이 필요합니다. 주님, 구원얻을 후사들을 긍휼히 여기소서!"

전능하신 하나님의 음성이 들려왔다.

"믿음이 없이는 하나님을 기쁘시게 못하느니라. 주님은 신실하시니, 그가 너희를 도우시리라."

다시 이상 가운데 나는 하나님께서 모든 육체위에 성령을 부어 주시는 것을 보았다. 그리고 사람들은 자신이 하나님의 것이라고 생각하며 그분을 진심으로 사랑하므로 하나님이 하시는 것은 무엇이든지 믿었다. 그들은 하나님에 대한 믿음을 가지고 있었으며 하나님 말씀에 신뢰를 두었다. 그러므로 하나님께서는 그들을 도우셨다. 그리고 하나님의 말씀이 땅에서 자라갔다.

주님께서 말씀하셨다.

"믿는 자에게는 능치 못함이 없느니라. 나는 나의 말이 역사하는 것을 지켜보고 있느니라. 너희는 너희의 할 부분만 하여라. 그리하면 내가 할 부분에 대해서는 내가 하고 있음을 알게 될 것이다. 만일 나의 사람들이 진리 편에 서고 선한 싸움으로 싸우면 오순절날처럼 놀라운 일들이 일어날 것이니라.

나를 부르라. 그리하면 내가 들을 것이니라. 나는 너의 하나님이 될 것임이요, 너희는 나의 백성이 될 것임이니라. 나는 너를 의와 진리와 신실함 가운데 세우리라."

이상 가운데 보니, 처음에 크리스천이 될 때에는 모두 태어나는 아기들처럼 보였다. 천사들이 이 아기들 옆에서 보호하며 위험한 요소들을 제거해 주었다. 그들을 위하여 주님의 천군 천사가 전쟁에서 싸우며 승리하였다.

그 아기들이 자라서 어른이 되니 주님의 영광의 일터에서 추수를 하기 시작했다. 그들은 기쁜 마음으로, 하나님을 사랑하는 마음으로, 하나님을 신뢰하고 섬기는 마음으로 이 일에 임하고 있었다.

천사들과 하나님의 말씀이 서로 잘 조화되어 지구상에서 악의 세력들과 싸우고 있는 것이 보였다. 결국 모든 것이 하나님의 발아래 놓이게 되었고 이 땅에는 평화가 깃들었다.

18 지옥에 대한 이상들

주님이 말씀하셨다.

"이 이상은 장래에 일어날 것에 대한 일이니라. 이 일들은 반드시 이루어질 것이니라. 아무도 알지 못하는 때에 나는 내 신부인 교회를 데리러 반드시 올 것이다. 오 나의 사람들이여, 깨어 있으라. 나의 약속처럼 나는 반드시 돌아온다는 것을 지구 곳곳에 알려야 한다."

지옥의 오른팔 부위에 있었던 불뱀이 보였다.

예수님이 계속 말씀하셨다.

"와서 성령이 교회에 하시는 말씀을 들을지어다."

그 뱀들이 지구상에 있는 사람들의 몸 속으로 들어갈 때 그 뱀들의 뿌리들이 보였다. 많은 사람들이 사탄에게 완전히 사로잡히기 시작했다.

계속 보고 있는데, 큰 장소에서 어마어마한 크기의 짐승이 일어나더니 사람들이 모여있는 장소로 몸을 돌리는 것이었다. 이것을 보는 사람들은 놀라서 소리를 지르며 산 속으로, 동굴 속으로, 지하철역으로, 어떤이는 폭탄 대피소로 도망가는 것이었다. 모두들 짐승의 시야에서 벗어 나려고 애쓰고 있었다.

어느 누구 하나 하나님을 찬양하거나 예수님에 대하여 이야기하는 사람이 없었다.

한 음성이 들렸다.
"나의 백성이 어디 있느냐?"

내가 더 자세히 들여다 보니, 죽은 것 같은 사람들이 걸어가고 있는 것이 보였다. 너무나 슬픈 분위기였다. 걸어가는 사람들은 오른쪽, 왼쪽으로도 돌아보지 않고 그냥 반듯이 걷기만 하였다.

그들은 무언가 보이지 않는 힘에 의하여 끌려 다니는 것 같았다.

그리고 공중에서 음성이 들려오자 모두들 그 음성을 따르고 있었다. 그들은 서로 이야기 하지 않았다. 그들의 이마와 손 바닥에는 '666' 이라는 숫자가 적혀 있었다. 말을 탄 군인들은 마치 동물떼를 다루듯이 그들을 몰고 갔다.

미국 국기가 다 찢겨져 비참하게 땅바닥에 깔려 있었다. 기쁨도, 웃음도, 행복도 없었다. 죽음과 죄악만이 사방에 가득하였다.

사람들이 줄을 서서 큰 백화점 건물 안으로 들어가고 있었다. 그들은 마치 군인들처럼 똑같은 옷을 입었으며 모두 의기소침하였다. 백화점 주위에는 담이 있었으며 여기 저기에 군인들이 자리잡고 있었다. 어디를 보아도 전투복 차림의 군인들 뿐이었다.

마치 죽은 송장처럼 보이는 이들은 백화점 안으로 들어갔다. 그들이 살 수 있는 것은 생활 필수용품으로 극히 제한되어 있었다.

그들이 물건 사는 것을 마치자, 큰 녹색 트럭에 강제로 태워졌다. 군인들이 함께 트럭을 타고 가며 감시하는 가운데 그들은 또 다른 장소로 실려가고 있었다.

그곳은 병원같은 곳이었다. 그곳에서는 그들이 의사소통에 무슨 문제가 없는지, 다리를 절지는 않는지 등의 검사를 받았다. 그 중 몇 사람은 다리를 절고 있어서 신체검사에서 불합격을 받고 한쪽으로 다시 분류되었다.

곧, 신체검사에서 불합격을 받은 이들은 다른 방으로 다시 옮겨졌다. 그 방에는 벽 사면에 갖가지 스위치와 버튼과 첨단장비들로 가득차 있었다. 문이 열리자 몇 명의 기술자들이 안으로 들어왔다.

그중 한 명이 방안에 있는 자들의 이름을 불렀다. 그들은 어떠한 저항도 하지 않고 이름이 불려지자 일어나서 큰 박스가 있는 곳으로 걸어갔다. 그 큰 박스 안으로 사람들이 다 들어가자, 한 기술자가 그 문을 닫고는 벽에 있는 많은 스위치 중 하나를 잡아 당겼다.

몇 분 후에, 스위치를 당겼던 기술자가 그 문을 다시 열고는 옆에 있는 빗자루와 쓰레받기를 손에 들었다. 그리고 바닥에 쌓인 먼지들을 쓸어 모으고 있었다. 사람들로 가득 찼던 그 자리에는 먼지만이 수북이 쌓여 있었다.

신체검사를 통과한 사람들은 다시 한 트럭으로 옮겨졌다. 그리고 기차가 기다리고 있는 곳으로 가고 있었다. 어느 누구 하나 말을 하거나 옆 사람을 보고 있는 사람들이 없었다. 기차를 타고 그들은 큰 빌딩이 있는 곳으로 옮겨졌다. 그리고 그들은 그곳에서 자기 몫의 일을 할당받았다. 한마디 불평도 없이 그들은 자기 일할 곳으로 갔다. 배정받은 일터에서 최선을 다해 일을 하고 있었다.

그리고 하루가 끝나갈 무렵, 그들은 담이 높게 드리워진 아파트로 돌아왔다. 집에 와서 그들은 옷을 다 벗고 침대에 들어가 잠을 잤다. 내일이 되면, 그들은 다시 열심히 일을 하게 될 것이다.

밤 공기를 가득 채우는 큰 목소리가 들려왔다.

내가 보니, 거대한 짐승이 그의 큰 보좌에 앉아 있었다. 모든 사람들이 그에게 복종했다. 영적인 뿔들이 짐승의 머리에서 자라고 있었다. 그 뿔들은 점점 자라기 시작하여 지구의 구석구석까지 영향을 미치고 있었다. 짐승은 스스로 많은 권세를 손에 쥐고 있었으며 그의 권능은 점점 더 커져갔다.

짐승은 많은 장소에 자신을 드러냈다. 그리고 많은 사람들을 속였다. 가난한 사람들, 주권을 빼앗긴 사람들 뿐만 아니라 부자들이나 유명인사들도 모두 속고 있었다. 큰 자든지, 작은 자든지 모두 짐승에게 경배하고 있었다.

큰 기계가 한 사무실 안으로 들어왔다. 짐승의 표가 그 위에 찍혀 있었으며 짐승의 목소리가 그 기계에서 들려왔다.

그 기계 위에는 큰형 big brother이라고 씌여져 있었는데 그 기계를 통해 각 가정과 사무실들을 들여다 볼 수 있었다. 각 가정에 있는 기계는 이 한 가지 종류밖에 없었으며 그것은 짐승의 소유였다. 이 기계는 사람들의 각 가정마다 설치 되었으나 육안으로는 보이지 않았다. 그리고 사람들의 행동과 말 하나하나가 이 기계를 통해 짐승에게 보고 되어졌다. 짐승이 보좌를 돌려 그의 얼굴을 내 쪽으로 향할 때 나는 그의 이마에 '666' 숫자가 적혀 있는 것을 보았다.

내가 자세히 보니, 한 사무실에서 짐승에게 굉장히 화가 난 사람이 있었다. 그는 짐승과 직접 이야기를 나누길 원했다. 그는 있는 힘을 다해 고함을 치고 있었다. 짐승은 그 사람 앞에 나타나서 겉으로 굉장히 예의 바른 척 하였다.
"자, 이리 오시오. 내가 그 문제를 해결해 드리겠습니다."

짐승은 화가 난 그 남자를 데리고 큰 방으로 가더니 그에게 커다란 테이블 위에 누우라고 하였다. 큰 방과 테이블은 병원 응급실을 생각나게 했다. 남자에게 마취제가 주입되고 큰 기계 밑으로 옮겨졌다.

짐승은 전선들을 그 남자의 머리에 붙이고 기계를 켰다. 기계 위에는 "이 마음을 지우는 기계는 짐승 666에게 속합니다."라는 글자가 씌여 있었다.

남자가 테이블에서 일어났다. 그의 눈동자는 흐려 있었다. 그의 움직임은 살아있는 시체가 움직이는 것 같았다. 그의 머리 꼭대기에는 머리카락이 사라진 큰 공간이 있었다. 나는 짐승이 그를 지배하기 위해 그에게 마음을 제거하는 수술을 한 것을 알았다.

짐승이 말했다.
"선생님, 기분이 한결 좋지 않으세요? 내가 선생의 문제를 해결할 수 있다고 말하지 않았던가요? 내가 당신에게 새 마음을 집어 넣었소. 이제 당신 마음 속에는 근심과 고통이 없을 겁니다."

그러나 그 남자는 말을 못했다.

"너는 이제 나의 모든 명령에 복종할 것이다."라고 짐승이 이야기 하더니, 조그마한 물체를 집어들고 그것을 남자의 셔츠에 붙였다.

다시 그 남자에게 뭐라고 하자, 그는 말을 못하고 모션으로 대답했다. 그는 로봇처럼 움직였다.

"너는 앞으로 나를 위해 일하게 될 것이다. 다신 화를 낸다거나, 좌절하는 일이 없을 것이다. 또, 운다거나 슬퍼하는 일도 없을 것이다. 너는 죽을 때까지 나를 위해 일할 것이다.

내게는 너처럼 내 마음대로 조절할 수 있는 사람들이 많이 있다. 그들은 거짓말하고, 죽이고, 훔치고, 전쟁을 일으키고, 유괴하고, 기계를 운영하고, 각각 다른 일들을 하고 있단다. 그래, 내가 바로 그들을 다 조종하고 있지."

짐승이 사악한 웃음소리를 내면서 말하였다.

나는 이상 중에서 그 남자가 짐승의 사무실을 나오는 것을 보았다. 그리고 자기 차를 타고 집으로 갔다. 집에서 그 남자의 아내가 나오더니 그에게 입을 맞췄다. 그러나 그에게서 아무런 반응이 없었다. 그는 아내에게나 또는 그 누구에게도 감정을 느끼지 못했다. 짐승이 이 남자를 이렇게 만들어 버린 것이다.

그의 아내는 너무 화가 났다. 그리고 그 남편을 향해 소리를 질렀다. 그러나 아무 소용이 없었다.

"좋아, 그 짐승에게 전화를 걸자. 그는 어떻게 해야 할지 알꺼야."라고 말했다. 그녀는 재빠르게 전화를 건 후, 집을 나와 남편이 막 떠나온 그 빌딩으로 차를 몰고 갔다.

짐승은 그녀를 환영하며 말하였다.

"당신이 모든 문제를 이야기 하시면, 제가 반드시 문제를 해결해 드릴 수 있습니다."

잘생긴 얼굴로 가장한 짐승은 그녀를 팔에 살며시 안고는 그녀의 남편이 누웠던 테이블로 데리고 갔다. 그리고 똑같은 수술을 통해 그녀 또한 짐승의 노예로 만들어 버렸다.

짐승이 그녀에게 물었다.
"어떻습니까?"

조그마한 물체가 그녀 블라우스 위에 붙여질 때까지는 아무 대답도 하지 못했다. 그 물체가 그녀에게 붙여지자, 그녀는 짐승이 자신의 주인인 것을 알게 되었고 짐승에게 경배하기 시작했다.

짐승이 말했다.
"너는 아이들을 기르는 보모가 될 것이다. 앞으로 너에게 많은 아이들이 맡겨질 것이다. 그들은 나만 경배하고 나만 섬길 것이다."

그 여자는 로봇처럼 대답했다.
"예 주인님, 시키는대로 하겠습니다."

그녀는 다른 빌딩으로 옮겨졌다. 거기에는 임산부들이 많이 있었다. 그들의 얼굴에는 핏기가 없었다. 단조로운 목소리로 짐승을 찬양하고 있었다. 모두 이마에 '666'이 씌여 있었다.

아이들이 태어나자 그들은 간호원들이 있는 빌딩으로 옮겨졌다. 그 간호원들도 모두 마음이 제거되어 있었다. 그들의 이마에도 '666'이 적혀 있었다. 짐승의 세력이 확장되어 지구 전체를 거의 지배하고 있었다. 아이들도 점점 자라갔다. 때가 되니, 그 아이들도 마음이 제거되어졌다. 그리고 짐승과 그의 모습을 섬겼다. 그러나 그 마음을 제거하는 기계도 하나님의 자녀들에게는 아무런 효과가 없었다.

주님의 음성이 들려왔다.
"짐승과 그의 모습을 섬기는 자들은 다 멸망할 것이다. 많은 이들이 이 짐승에게 속고 넘어질 것이다. 그러나 나는 나의 자녀들을 이 짐승에게서 구할 것이니라. 이 모든 것들은 마지막 때에 일어날 것이다. 짐승의 표를 받지 말지니라. 그리고 때가 너무 늦기 전에 회개하여야 하느니라.

짐승은 자신을 '평화의 사도'라고 부를 것이다. 그리고 실제로 사회가 혼란할 때 각 민족들에게 평화를 가져다 주는 일도 할 것이다.

또한 사람들에게 그렇게 비싸지 않은 물건들을 공급할 것이다. 그는 여러 민족들을 모아 동맹을 만들 것이며 세상에 이름있는 자들이, 짐승이 보호해 줄 것이라는 잘못된 생각을 가지고 그를 따르게 될 것이다.

이때가 되기 전에 나는 의와 진리를 위해 일하는 믿음의 용사들을 일으켜 세울 것이다. 요엘 선지자가 말한 강한 군대 the mighty army가 해 뜨는데부터 해 지는데까지 이를 것이며 나의 말을 듣게 될 것이다.

밤이라 할지라도 그들은 내 목소리를 들으며 내게 대답할 것이며 나를 위해 일하고 전쟁에서는 강한 용사와 같이 달릴 것이니라. 그들은 나를 위해 큰 일을 할 것이며 나는 그들과 항상 함께할 것이니라."

이 모든 것들은 이상 가운데 주 예수 그리스도에 의하여 내게 계시된 것이다. 이것은 주님의 입에서 나온 주님의 말씀이며, 마지막 때에 일어날 일들에 관한 것이다.

예수님과 나는 집으로 돌아왔다.

주님이 보여 주시고 말씀하신 모든 것들이 심히 의아했다. 나는 모든 인류가 구원에 이르기를 기도하면서 잠이 들었다.

19
지옥의 입구

그 다음날 예수님과 나는 '지옥의 입구'라고 불리우는 장소로 발길을 옮겼다. 예수님이 말씀하셨다.

"우리는 이제 지옥을 거의 다 돌아본 셈이다. 다 보여 주진 않겠다. 그러나 내가 보여 주는 모든 것들을 이 세상에 알려 주길 바라노라. 그들에게 지옥이 실존하며 너를 통하여 글로 써지는 모든 것들이 사실임을 알려 주길 바란다."

우리는 조그마한 계곡이 내려다 보이는 언덕 위에 올랐다. 언덕 옆쪽으로 수많은 영혼들이 줄을 서고 있었다. 그들의 우는 소리와 소음이 그 장소를 가득 채우고 있었다.

"캐더린, 이곳이 바로 '지옥의 입구'니라. 지옥의 입이 열릴 때마다 너는 큰 요란한 소리를 들을 수 있을 것이다."

영혼들이 입구로 들어가지 않으려고 안간힘을 썼으나 안 들어갈 수가 없었다. 그들의 발이 지옥에 딱 붙여져 있었기 때문이다.

예수님이 말씀하실 때, 언덕 위에서 우리 앞을 지나 계곡 쪽으로 큰 소리를 내며 내려가고 있는 시커먼 것들이 보였다. 큰 쇠사슬을 가진 악령들이 영혼들을 묶어서 질질 끌고 계곡 쪽으로 내려가고 있는 것이었다.

"저 영혼들은 지구상에서 방금 죽어 지옥에 막 도착한 영혼들이지. 이렇게 데려오는 일은 밤이고 낮이고 쉬지 않고 이어진단다."

갑자기 우리가 있던 장소가 조용해졌다. 주님이 내게 말씀하셨다.

"캐더린, 나는 너를 사랑하느니라. 나는 네가 이 세상 사람들에게 이 지옥에 대해 이야기해 주길 바라노라."

나는 저 아래에 있는 '지옥의 입구'를 내려다 보았다. 아픔과 고통으로 얼룩져 있었다. '언제 이 여행이 끝날 것인가?' 생각하며 나는 빨리 이 지옥 여행에서 벗어나 쉬고 싶었다.

그때 갑자기 길을 잃어버린 듯한 기분이 들었다. 어떻게 알게 되었는지는 말할 수 없지만, 주님이 사라지셨다는 것을 나는 온 마음으로 알게 되었다. 나는 매우 슬퍼졌다. 주님이 계셨던 그 자리를 다시 쳐다 보았다. 확실히 거긴 안 계셨다.

"오, 아니야! 다시 이럴리가 없어! 오 예수님, 어디 계세요?" 하며 소리쳤다.

다음 부분을 읽다보면 여러분은 굉장히 놀랄 것입니다. 여러분이 이 부분을 읽다가 충격을 받아 예수믿는 자들이 다 되었으면 합니다. 여러분들이 다 자기 죄들을 회개하고 이 무서운 장소에는 안 왔으면 합니다.

내가 하는 말들을 믿어 주세요. 그리하면 지옥에 오는 일들은 없을 것입니다. 나는 여러분을 사랑합니다. 때가 너무 늦기 전에 나는 여러분을 깨워드리고 싶습니다.

여러분이 크리스천이시고 이 책을 읽고 계시면 구원을 받았는지 안 받았는지에 대해 확실히 하시기 바랍니다. 항상 주님을 만날 준비를 하고 사시기 바랍니다. 회개하지 못할 때가 올지 모릅니다. 항상 여러분의 등불을 밝혀두시기 바랍니다.

그리고 항상 기름을 충만하게 준비해 두시기 바랍니다. 주님이 언제 오실지 모르니 항상 깨어 기도하시기 바랍니다.

만약 여러분이 아직 거듭난 크리스천이 아니라면, 요한복음 3장 16절부터 19절까지를 읽어 보세요. 그리고 주의 이름인 예수 이름을 불러 보세요. 주님이 당신을 구원하실 것입니다.

나는 예수님의 이름을 부르며 주님을 찾기위해 언덕 아래로 내려갔다. 큰 쇠사슬을 든 악령이 내게 다가와 나를 멈춰 세웠다. 그는 나를 비웃으며 말했다.

"네가 도망갈 만한 곳은 아무데도 없다. 여자여, 너를 구하러 예수님은 여기 오지 않는다. 네가 지금 있는 곳은 영원한 지옥이다."

"오, 주님! 안 됩니다. 저를 나가게 해 주세요."

나는 그 악령과 있는 힘을 다해 싸웠다. 그러나 그 악령이 나를 쇠사슬로 묶어 땅에 곤두박질 시켰다. 내가 땅에 쓰러졌을 때 끈적끈적한 비닐이 악취를 풍기며 나를 덮어왔다. 나는 속이 울렁거렸다. 무슨 일이 벌어지려는지 알 수가 없었다. 다시 살점들이 내 뼈에서 떨어져 나가고 있었다. 나는 너무 아파서 비명소리를 질러댔다.

"오, 주 예수님, 어디 계세요?"

나는 내 자신을 내려다 보았다. 뼈의 구멍들이 드러나고 있었다. 뼈 색깔은 더러운 회색으로 변하였고 내 살은 계속 뼈에서 도려내지고 있었다. 피가 터지고 힘줄들이 끊어져 나갔다. 옆구리에도, 다리에도, 손에도, 팔에도 구멍들이 수없이 나 있었다. 나는 외쳤다.

"오, 안돼, 이럴수가. 내가 다시 지옥에 남게 되다니! 안돼! 안돼!" 하며 울었다.

구더기들이 내 안으로 기어 들어 오고 있었다. 살들로 채워졌던 신체 부위들이 벌레들로 채워지기 시작했다. 비록 나는 그들을 볼 수 없었지만, 그것들이 내 몸안에 있는 것을 알 수 있었다. 나는 그것들을 떼어내려고 애썼으나 벌레들의 숫자는 증가되고 있었다. 내 살은 점점 썩어가고 있었다.

나는 모든 것을 다 기억할 수가 있었다. 지구상에서 일어났던 모든 것들이 지옥에서도 기억 속에 살아 있었다. 지옥에서도 분명히 나는 느낄 수 있는 감각이 있었고 보고, 냄새 맡고, 듣고, 맛을 보고, 지옥의 모든 고통을 느낄 수 있는 감각과 감정은 그대로였다.

나는 내 안을 볼 수가 있었다. 남은 것이라고는 뼈밖에 없었다. 다른 이들도 나하고 똑같은 형상을 하고 있었다. 이 입구에는 수많은 영혼들로 가득차 있었다.

나는 아파서 도저히 참을 수가 없었다.
"예수님, 저를 도와 주세요, 제발!"

나는 죽고 싶었다. 그러나 죽고 싶어도 죽을 수가 없었다. 발 밑에서 불길이 솟아오르는 것을 느꼈다.
나는 비명을 질렀다.
"예수님, 어디 계시나이까?"

나는 땅에 굴러 졌다. 다른 영혼들과 같이 울었다. 우리는 이곳 쓰레기장과도 같은 '지옥의 입구'에 누워 버렸다. 도저히 참을 수 없는 고통이 몰려왔다.

나는 계속해서 소리를 질러댔다.
"예수님, 어디 계세요. 예수님, 어디 계세요?"

이것이 혹시 꿈이 아닌가? 깨어날 수 있을까? 내가 진짜로 지금 지옥에 있단 말인가? 내가 구원을 못 받을 정도로 하나님께 죄를 지었단 말인가? 대체 내게 무슨 일이 벌어지고 있는 걸까?

나는 성경에서 이야기하는 모든 것을 생각해 보았다. 가족들 생각이 간절했다. 지금쯤 어디들 있을까? 내 걱정은 하지는 않을는지? 내가 지옥에 와 있음을 생각하니 고독함이 휘몰아쳐왔다.

내 육체를 바라보니 다른 사람처럼 보였다. 구더기들이 다시 내 위로 기어다니기 시작했다. 그들이 기어다니는 것을 느낄 수 있었다. 나는 두려움과 아픔 때문에 비명소리를 질렀다.

지옥사자가, "예수가 너를 버렸단다. 너는 이제 사탄님 것이야!" 하고 비웃는 소리가 울렸다. 그리고 나를 어디 꼭대기에 올려 놓았다.

곧, 내가 어떤 동물의 등에 있는 것을 알았다. 그 동물도 나처럼 더러운 회색으로 되어 있었으며 온몸에 똥과 썩은 육체로 가득차 있었다. 냄새가 너무 심했다. 나를 태우고 위의 난간으로 데리고 갔다. 내가 지금 어디로 가는 걸까?

많은 영혼들이 살려 달라고 아우성이었다. 지옥 입구가 열릴때마다 영혼들이 빠져 들어가는 소리가 났다. 내 손은 동물의 뒤쪽으로 묶어져 있었다.

아픔이 항상있지는 않았다. 갑자기 아파왔다가 갑자기 사라졌다. 고통이 전해올 때 있는 힘을 다해 비명을 질러댔다.

그리고 무서운 마음으로 그 고통이 가라앉을 때까지 기다려야 했다.

나는 생각했다.
'어떻게 여기를 나가지? 앞에 뭐가 있을까? 이대로 끝난단 말인가? 내가 무얼 잘못 했길래 여기를 왔을까?'

"오 주님, 어디 계세요?" 하며 아파서 고통 속에서 나는 울었다.

울면서도 눈물은 나오지 않았다. 대신 몸이 심하게 떨렸다. 어디에선가 동물이 멈추었다. 위를 올려다 보니 너무나 아름다운 여자가 사치스러운 부와 빛나는 보석으로 치장하고 있었다. 여왕 의상을 한 아리따운 여인이 방 한 가운데 있었다. 이 여자는 누구인가?

내가, "여인이여, 저를 도와 주세요." 하자 그녀가 가까이 오는 듯 하더니 내 얼굴에 침을 뱉는 것이었다.

"오 주님!" 하며 나는 울었다. 기분 나쁜 웃음소리가 흘러 나왔다.

내 눈 바로 앞에서 그녀는 모습을 바꿔갔다.

남자로, 고양이로, 말로, 뱀으로, 박쥐로, 젊은 남자로 바꾸어 갔다. 그녀는 마음 내키는 대로 변할 수가 있었다. 그녀는 굉장한 능력을 가지고 있었다. 그녀의 방 문패에는 '사탄 사모님'이라고 쓰여 있었다.

그 동물이 나를 태우고 몇 시간은 돌아다닌 것 같다. 그러다가 어디에선가 멈추었다. 나는 심하게 흔들리며 동물의 등에서 땅으로 떨어졌다. 위를 쳐다보니 말을 탄 군인들이 나를 향해 달려오고 있었다. 그들이 나를 옆으로 밀치고 지나갔다. 말에 탄 모든 군인들은 다 해골 뼈다귀밖에 없었고 모두 더러운 회색 빛이었다.

그들이 지나간 후에 내 몸이 붕 뜨더니 감방 안에 갇혀 버렸다. 그리고 누군가가 자물쇠를 채우는 소리가 났다. 주위를 둘러보니 너무나 무서웠다. 희망이라고는 전혀 보이지 않았다. 나는 울었다.

그리고 수천 번은 회개하였다. 그리고 지구에 있을 때 더 많은 사람들을 전도하지 못하고, 그들이 여기에 오는 것을 더 막지 못한 것이 내내 아쉬웠다. 그리고 더 전도하지 못한 것을 회개했다.

"오 주님, 저를 구해 주세요." 하고 계속 주님을 불렀다.

나는 하나님께 나를 구해 달라고 수없이 불렀지만 그러나 그를 볼 수도 느낄 수도 없었다. 다른 이들과 같이 나는 분명히 지옥에 와 있는 것이다. 나는 너무나 아파서 바닥에 주저앉았다. 영원토록 이제 다시는 가망성이 없을 것 같았다.

큰 소리가 날때마다 주님을 불러 보았다. 그러나 그 소리는 영혼들이 지옥에 떨어지는 소리였다. 아무리 주님을 불러도 응답은 없었다. 구더기들이 내 영혼을 타고 들어왔다. 나는 그것을 느낄 수가 있었다.

죽음의 냄새는 어디에나 있었다. 내게는 육체도, 각 기관도, 피도, 살도, 희망도 없었다. 뼈에서 징그럽게 기어 다니는 구더기들을 하나씩 끄집어 냈다. 이제 내게 일어나고 있는 일들을 조금 알 수 있을 것 같았다. 차라리 죽어 버리고 싶었다. 구더기들이 내 온몸을 기어 다니는 것을 도저히 참을 수 없었다.

나는 나를 죄에서 구할 수 있는 예수 보혈의 생명과 권능을 노래했다.
이때 덩치가 큰 악령이 창을 들고 나타났다.
"조용히 해!" 하며 창으로 심하게 나를 찔러대기 시작했다. 뾰쪽한 창끝이 나를 찌를 때마다 불처럼 뜨거운 느낌이 전해왔다. 한 번, 두 번, 계속하여 나를 계속 찔러댔다.

그들이 한마디 했다.
"여기서는 사탄이 왕이란 말이야. 우리는 예수를 미워해! 그가 가진 모든 것을 미워한단 말이야!"
내가 그래도 찬양하는 것을 멈추지 않자 나를 감옥에서 끄집어 내고는 더 넓은 장소로 질질 끌고 갔다.
"너 조용히 안 하면, 더 매운맛 좀 보여 줄테다!"
나는 찬양하기를 멈추었다. 그러자 나를 다시 감방에 집어 넣었다. 이때 성경 구절이 생각났다.

> 하나님이 범죄한 천사들을 용서하지 아니하시고 지옥에 던져 어두운 구덩이에 두어 심판 때까지 지키게 하셨으며 (벧후 2:4)

이같은 방법이 내게도 적용되는 것이 아닌가 생각했다.

"오 주님, 지구상에 있는 사람들이 구원얻기를 원합니다. 때가 너무 늦기전에 저들을 잠에서 깨워 주세요." 하며 나는 울었다. 많은 성경 구절들이 생각이 나서 지옥사자들에게 말해주고 싶었으나 두려워서 그냥 두었다.

신음소리, 비명소리, 더러운 공기가 꽉 찼다. 박쥐가 내게로 날아왔다. 나는 그 박쥐를 발로 찼다. 나는 남편과 아이들을 생각했다.

그들이 보고 싶어 울었다.
"오 하나님, 저들은 제발 이곳에 오지 않게 하소서!"

내가 지옥에 와 있는 것이 분명했다.

하나님은 듣고 계신 것 같지가 않았다. 전능자의 귀는 나의 울음소리에 귀가 막혀 있는 듯 하였다. 그 누구든 좋으니 나의 말을 들어 줬으면 하였다.

그 큰 박쥐가 다시 내게 달려 들었다. 그리고 나를 사정없이 물었다. 나는 비명을 지르며 박쥐를 잡아 당겼다. 너무나 아팠다.

불이 어디에서 오는지는 모르나 서서히 내 쪽으로 오고 있었다. 수초, 수분, 수시간이 지나갔다.
나는 분명 죄인이었다.
내가 지금 있는 곳은 지옥이 분명했다.

"오 죽음아, 제발 내게로 오렴!" 하고 나는 울었다. 내 울음 소리는 '지옥의 입구' 전체를 쩌렁쩌렁 울리고 있는 것 같았다. 지옥에 다른 이들도 나의 울음소리에 동참해 줬다. 우리는 같이 울었다. 지옥에 온 것 때문에 울었고 빠져나갈 구멍이 없어서 울었다. 나는 너무나 죽고 싶었다. 지옥에서는 죽고 싶어도 죽을 수가 없었다.

나는 너무 아파서 바닥에 주저 앉았다. '지옥의 입구'가 열리는 소리가 났다. 더 많은 영혼들이 계속 들어오고 있었다. 불길은 나를 계속 뜨겁게 태우고 있었다. 내 마음이 독해지고 있는 것을 알았다. 지구상에서 예수를 믿지 않으면 그들이 어떻게 되는 것인가도 확실히 알았다.

나는 울었다.
"오 나의 하나님, 제발 저를 구해 주세요. 제발 여기 있는 우리 모두를 구해 주세요."

나는 내 인생을 뒤돌아 보았다. 그리고 내 주위에 있었던 모든 사람들을 생각해 보았다. 어떤 이는 내게 예수님을 소개했다. 어떤 이는 병든 자들을 보기만 하면 기도해 주었다. 그리고 그들의 기도에 예수님이 병자들을 고쳐 주셨다. 나는 예수님의 사랑의 말들을, 위로의 말들을, 신실한 말씀들을 생각했다.

'만약에 내가 더 예수님을 닮았더라면, 내가 여기 오지 않았을텐데.' 하는 후회감도 들었다.

나는 하나님이 내게 주신 좋은 것들을 생각했다. 공기, 음식, 나의 사랑하는 아이들, 가정 등 하나님은 내게 좋은 것만 주셨다. 그러나 만약 그가 정말로 좋으신 하나님이시라면 내가 왜 여기에 와 있단 말인가?

나는 일어날 힘도 없었다. 내 영혼은 계속 나가게 해 달라고 외쳐대고 있었다.

나는 지구상에 있을 때를 생각했다. 지금 내 친구들과 내 가족들은 무엇을 하고 있을까? 거기에는 웃음과 사랑과 친절이 있었다. 그러나 다시 고통이 시작되자 어느덧 이러한 생각들은 자취를 감추어 버렸다.

완전히 어둡지도 않고 밝지도 않은 반 어두운 상태 속에 더럽게 찌든 안개가 자욱하게 깔려 있었다. 희미한 노란색 불빛이 사방에 있었다. 그리고 썩어가는 시체와 이미 부패한 냄새는 도저히 견디기 어려웠다. 몇 분이 수시간처럼 느껴졌다. 그리고 시간들은 영원한 것 같았다. 오, 이 고통은 언제 끝날 것인가?

잠도 오지 않았다. 쉼도, 음식도, 물도 없었다. 내 인생을 통하여 한번도 느껴 보지 못한 목마름과 배고픔이 몰려왔다.

너무나 피곤하고 너무나 졸렸으나 고통은 계속됐다. '지옥의 입구'가 열리자마자 수많은 잃어버린 영혼들이 지옥으로 실려왔다.

'혹시 내가 아는 사람들이 없을까? 혹시 내 남편이 오진 않았겠지?' 하는 생각이 들어 바라 보았다.

내가 '지옥의 입구'에 온지도 한참 지난 것 같다. 이때 갑자기 한 불빛이 내 방을 밝게 채우기 시작했다. 그리고 불길이 갑자기 사라졌다. 나를 계속 괴롭히던 박쥐도 사라졌다. 통증과 아픔이 사라졌다. 탈출구가 보이는 듯 싶었다. 이때 지옥이 흔들렸다. 다시 불이 나를 태우기 시작했다. 다시 뱀들과 박쥐들, 구더기들이 몰려왔다. 고통이 시작되면서 도저히 참을 수 없는 아픔들이 밀려왔다.

"오 하나님, 제발 저를 죽여 주세요."
나는 바닥을 '꽝' 치며 호소하였다. 나는 비명을 지르며 울었으나 내 주위에는 누구 하나 들어주는 이 없었다.

갑자기 나는 보이지 않는 힘에 의하여 몸이 들리기 시작했다. 내가 의식을 회복했을 때는 예수님과 내가 우리집 옆에 서 있었다.

나는 울면서 주님의 발 앞에 주저 앉았다.
"주님, 왜 그러셨어요? 왜 저를 지옥에 보내셨어요?"

"평강하며 잠잠할지어다."
예수님이 말씀하시자 내 마음 속이 갑자기 평안해졌다. 그는 나를 부드럽게 들어 올리셨다. 나는 그분의 팔에 안겨 잠이 들었다.

다음날 내가 깨어 났을 때 나는 몸이 너무 아팠다. 나는 여러 날 동안을 지옥에 대한 무서움으로 지냈다. 밤이면 비명소리를 지르며 구더기들이 내 속에서 기어다니고 있다고 외쳤다.
나는 그렇게 지옥을 무서워하고 있었다.

20
천국

'지옥의 입구'를 떠난 이후로 나는 여러 날 동안 아팠다. 나는 잠을 잘 때 불을 켜놓고 자야 했다. 그리고 항상 성경책을 옆에 가지고 다니면서 계속 성경을 읽어갔다.

내 영혼은 상당한 충격 속에 헤매이고 있었다. 나는 이제 믿지 않는 자들이 지옥에서 얼마나 무서운 고통을 받고 있는지를 확실히 안다.

"평강하며 잠잠할지어다."

예수님께서 말씀 하실 때 내 마음 속에 평강이 물밀듯이 밀려왔다. 그러나 나는 여전히 지옥의 공포에 사로잡혀서 거의 병적으로 비명소리를 질려댔다.

비록 이 시기에도 예수님께서 함께하고 계심을 알고 있었다. 그러나 어떤 때는 전혀 그분의 임재하심을 못 느낄 때도 있었다. 그때마다 나는 '다시 지옥으로 가는 것이 아닌가.' 하고 너무 무서워 하였다.

나는 지옥에 대하여 다른 사람들에게 이야기했다. 그러나 그들은 들으려고도 하지 않았다. 나는 그들에게 사정했다.
"제발, 때가 늦기 전에 회개하시기 바랍니다."

내가 지옥에서 받은 고통들과 예수님께서 이 내용들을 책으로 쓰라고 내게 어떻게 말씀하셨는지를 믿는 것이 그리 쉬운 일은 아닌 줄 안다.
주님은 치료하시는 주님이심을 내게 확신시키셨지만, 나는 여전히 몸이 회복되지 않을 것 같았다. 그러나 그것은 나의 생각이었고 어느새인가 건강은 완전히 회복되어졌다.

또 다시 나는 주님과 함께 영 안에 하나가 되었다. 우리는 저 하늘 높이 올라갔다.
예수님께서 말씀하셨다.
"너에게 하나님의 사랑과 인자하심, 그리고 천국의 일부를 보여 주고 싶구나. 주님의 놀라우신 작품을 보여 주고 싶다. 그곳은 너무나 아름다운 곳이란다."

우리 앞에는 두 개의 큰 행성들이 있었다. 그것은 너무나 아름다웠고 매우 휘황찬란한 모습이었다. 그곳에서는 하나님 자신이 빛이셨다.

우리는 천사 하나를 만났다. 그는 내게 인사를 건네왔다.
"당신의 주 하나님의 인자하심을 보세요. 그의 자비하심은 영원합니다."
천사의 목소리에는 사랑과 부드러움이 가득 담겨 있었다. 그 천사가 다시 이야기 할 때 나는 울고 싶었다.
"하나님의 권세와 능력을 보세요. 아이들을 위해 하나님이 만드신 장소를 보여 주고 싶어요."

갑자기 우리 앞에는 희미하게 보이는 행성이 저 멀리 보였다. 그 행성은 지구만큼 컸다. 그리고 하나님 아버지께서 내게 말씀하시는 음성이 들려왔다.
"아버지와 아들과 성령은 하나이니라. 아버지와 아들이 하나요, 아버지와 성령이 하나이니라. 나는 모든 사람이 구원에 이르도록 내 아들을 십자가에서 죽게 하였느니라.
자, 이제 어린이들을 위한 장소를 보여 주겠다. 나는 아이들을 너무나 사랑한단다. 아기가 어머니의 뱃속에서 나오기 전에 죽은 영혼들이 여기에 와서 자라고 있다.
뱃속에서 아기가 생기기 시작할 때부터 한 영혼의 생명이 시작이지. 나는 아느니라. 얼마나 많은 아기들이 유산되고 있는지를. 그 버려진 영혼들이 바로 여기에 오는 것이란다. 임신된 순간부터 그 아기는 한 영혼으로 간주되느니라.

나의 천사들이 지구에 내려가서 그들이 죽었을 때 여기로 데리고 온단다. 나는 그들이 자라고 배우고 서로 사랑할 수 있는 장소를 가지고 있지. 나는 그들의 육체를 완전히 여기에서 회복시키고 부족한 신체 일부가 있으면 그곳을 온전하게 한단다."

이 행성 사방에는 사랑받는 느낌과 전혀 부족함이 없는 것들로 가득차 있었다. 여기 저기에 푸른 잔디가 사방에 깔려 있었고 수정같이 맑은 물로 가득찬 수영장들이 있었고 그 수영장 주변으로 대리석 의자와 반짝이며 윤이 나는 벤치들로 꽉 차있었다.

그곳에는 어린이들만 있었다. 그리고 사방에는 오직 어린이들을 위한 것으로 되어 있었다. 각 어린이들은 한점 얼룩도 없는 하얀 세마포와 샌들을 신고 있었다. 그들의 세마포가 얼마나 밝았던지 온 행성을 밝게 비추고 있었다. 주변에는 갖가지 색깔이 빛났으며 특히 그들이 입고 있는 옷은 어디서나 눈에 띠게 돋보였다. 천사들이 각 문을 지키고 있었으며 어린이들의 이름들이 생명록에 다 기록되어 있었다.

나는 어린이들이 하나님의 말씀을 배우는 것과 금으로 된 음악책을 가지고 음악을 배우는 것을 보았다. 그들이 이 천사 학교 angelic school에 있는 동안 갖가지 종류의 동물들이 어린이들에게 몰려오더니 같이 앉아서 노는 것을 보고 나는 깜짝 놀랐다.

거기엔 눈물이 없었다. 근심도 없었다. 모든 것이 최고로 아름다웠다. 사방에는 기쁨과 행복뿐이었다.

천사가 다른 행성을 보여 주었다. 그곳은 멀리서도 밝게 빛나고 있었다. 수백만 개의 별과 함께 밝게 빛났다. 행성에 있는 모든 것이 빛이 났고 살아 있는 것 같았다.

멀리서 오직 순금으로만 만들어진 두 개의 산이 보였다. 가까이 가보니 그 산에는 두 개의 금으로 된 문이 있었는데 다이아몬드와 갖가지 보석들로 수 놓아져 있었다. 이것이 바로 새 땅과 새 예루살렘 성임을 알았다. 나중에 이 새 예루살렘 성이 지구로 내려올 것이다.

나는 다시 불이 있는 지구로 돌아왔다. 이 불들은 지구를 하나님의 영광을 위해 순수하고 깨끗하게 할 것이다. 여기에 새 예루살렘 성이 있었다. 바로 천년왕국의 수도인 것이다.

나는 사람들이 동굴에서, 산에서 나와 이 새 예루살렘 성으로 가는 것을 보았다.

이곳에서 예수님은 왕이셨다. 모든 열방들이 예수님께 선물을 가져오고 경의를 표했다.

예수님은 내가 본 이상에 대해 해석을 해 주셨다.

"곧 나는 재림할 것이다. 먼저 죽은 자들이 일어나고 나중에 살아남은 자들이 나와 함께 구름 속으로 끌어 올려 공중에서 나를 영접하리라. 그 후에 적그리스도가 어느 기간 동안 이 땅을 다스리게 되느니라. 그리고 전에 없었던 대환란이 이 땅에 시작되느니라.

그리고 다시 내 성도들과 함께 이 땅으로 내려올 것이니라. 이때 사탄은 무저갱으로 들어가고 그곳에서 사탄은 천년 동안 갇혀 있느니라. 천년왕국 동안 나는 예루살렘에서 이 땅을 다스릴 것이니라. 천년왕국이 끝나면, 사탄이 잠시 놓일 것이니라. 그러나 나는 다시 나의 영광으로 그를 물리칠 것이니라. 그리고 이 지구는 완전히 사라질 것이니라.

볼지어다. 새 땅과 새 예루살렘이 하늘에서 내려 오느니라. 그리고 내가 영원토록 다스리리라."

21
가짜 종교

"만일 이 땅에 있는 사람들이 나의 말을 듣고 내게 와 회개하면, 그들이 변화될 때까지 나는 적그리스도와 짐승의 역사를 제지시킬 것이니라. 요나의 말을 듣고 니느웨 사람들이 회개하지 않았더냐? 나는 어제나 오늘이나 영원토록 동일하느니라. 회개하라, 그리하면 축복의 시간을 너희에게 보낼 것이니라.

나의 사람들은 서로 사랑할지니라. 그리고 서로 도와야 할지니라. 죄는 미워하되 죄인은 사랑할지니라. 이로써 모든 사람이 너희가 내 제자인 줄 알리라."

예수님께서 말씀하실 때 지구가 열리고 우리는 지옥으로 다시 들어갔다. 비스듬한 언덕에는 죽은 나무들로 가득차 있었고 그 나무들 위에는 회색의 먼지들이 가라앉아 있었다. 나는 또한 비스듬한 언덕으로 조그마한 구멍들이 많이 있는 것을 보았는데 거기에는 회색빛의 사람들이 서로 걸으며 이야기하고 있었다.

나는 예수님과 함께 비스듬한 언덕으로 꾸불꾸불 이어진 더러운 길을 따라 올라갔다. 가까이 가보니 거기는 죽은 사람들로 가득차 있었다. 그들은 회색빛이 나는 죽은 육체를 입고 있었다. 서로 로프로 묶여져 있었는데 이 로프도 회색빛이 났으며 산 전체를 묶고 있었다.

비록 불은 보이지 않았으나, 이곳이 지옥의 일부임을 알 수 있었다. 그들의 육체는 뼈에서 떨어지고 있었으며 그것이 떨어지자마자 다시 급속도로 자라기 시작했다. 그곳은 죽음의 냄새로 가득했다. 사람들은 우리가 있는지 없는지 눈치를 못채는 듯 했다. 그들은 대화에 열중하고 있었다.

예수님께서는 말씀 하셨다.
"그들이 말하는 것을 들어보자꾸나."

한 사람이 다른 이에게 물었다.
"죄를 사하러 오신 예수에 대해 들어 본 적이 있는가?"

다른 이가 대답했다.

"응, 들어 봤지. 그가 내 죄를 다 용서하셨다지. 그런데 내가 왜 여기 와 있는지 모르겠단 말이야?"

"나도 잘 모르겠어."라고 첫 번째 사람이 대답했다.

두 번째 사람이 대답했다.
"나는 이웃 사람에게 예수를 전한 적이 있는데, 그는 듣지 않았지. 그의 아내가 죽었을 때 장례 치를 비용이 없다고 내게 꾸어 달라고 하지 않았겠어? 이때 예수님 말씀이 생각나더군. 뱀 같이 지혜롭고 비둘기 같이 순결하라고 하셨지. 그래서 그냥 거절해 버렸지 뭐. 내가 알기로는 그는 돈을 딴데 많이 쓰는 것 같더군. 우리는 돈을 제대로 써야 되는 것을 자네도 알잖는가."

첫 번째 사람이 대답했다.
"응 맞아. 우리 교회에 한 소년이 있는데 옷도 없고 신발도 없더군. 그의 아버지는 술을 마셔댔지. 어느 날은 아들 옷과 신발을 좀 사야겠다고 돈을 빌리러 왔길래 거절했지 뭐. 그런 사람은 한번 본때를 보여줘야돼."

두 번째 사람이 밧줄에 묶여진 손을 신경질적으로 비틀면서 말했다.

"우리는 사람들에게 항상 예수님처럼 살라고 가르쳐야 돼. 그 사람도 술을 마시면 안 돼잖아. 그도 여기와서 고통 좀 받아보라지."

예수님께서 말씀하셨다.

"오 불쌍한 사람들이여, 마음이 더디고 진리를 알지 못하는 자들이여, 서로 피차 뜨거움으로 사랑할지니라. 힘이 없는 자를 도울지니라. 부족한 자의 필요를, 대가를 요구하지 말고 채워 줄지니라.

지구에 있는 자들이여 만일 회개하면 너희에게서 저주를 제할 것이며 축복을 더할 것이니라. 잠에서 깰지어다. 그리고 나에게 돌아오라. 겸손히 너희를 낮추고 너희 심령을 비우면 내가 너희에게 돌아올 것이요 너희와 함께 살 것이니라. 너희는 나의 백성이 될 것이요, 나는 너희 하나님이 될 것이니라."

22
짐승의 표

주님께서 말씀하셨다.

"나의 영이 사람과 함께하지 아니하리라. 와서 짐승을 보라. 마지막 때에는 악한 짐승이 나타나서 온 지구상에 열방 중에서 많은 자들을 미혹하리라. 그는 모든 사람들로 하여금 오른손에나 이마에 짐승의 표 '666'을 받게 할 것이니라. 누구든지 이 표를 받는 자는 짐승에게 속하게 되고 불과 유황으로 타는 영원한 불못에 보내질 것이니라.

짐승은 사람들이 기억할 수 없을 정도로 많은 평화와 번영을 가져다 줄 것이다. 그리고 많은 사람들이 그를 환영할 것이니라.

그가 이 세상에서 어느 정도 힘을 기르게 되면 사람들로

하여금 이마에나 오른손에 표를 받지 아니하면 음식을 살 수도 없고 옷, 차, 말, 그밖에 어느 것도 살 수 없게 만들 것이다. 나아가 자기가 가진 것을 팔 수도 없게 될 것이니라.

주 하나님이 말하노라. 이 짐승의 표를 받는 자는 누구든지 짐승에게 대한 충성을 스스로 약속하는 것이며 주 하나님에게서 영원토록 끊어지게 되리라. 이들은 불신자들과 불법을 행한자들과 함께 지옥에서 각자의 자리를 차지하게 될 것이니라.

이 표를 받는다는 것은 하나님을 거역하고 전적으로 짐승을 의지하는 것을 의미하느니라. 짐승과 그의 추종자들은 표 받기를 거역하는 자들을 핍박하고 많은 사람들을 죽일 것이다. 갖가지 수단과 방법을 다 동원하여 하나님의 사람들에게 강제로 표를 받게 만들 것이니라. 표 받기를 거절하는 부모들을 잡아다가 그들의 자녀를 부모가 보는 앞에서 죽일 것이다. 크게 슬퍼하는 시기가 올 것이니라. 짐승은 표를 받은 자에게 모든 필요를 채워준다는 조건으로 그들이 가진 재산을 빼앗아 갈 것이다.

믿는 자 중에 어떤 이는 믿음이 약하여져서 짐승에게 굴복할 것이다. 그리고 오른손이나 이마에 표를 받게 될 것이다. 그리고 말하기를, '아마, 하나님이 용서하실 걸. 하나님도 이해하실거야.' 라고 생각할 것이다.

그러나 나는 절대로 내가 한 말을 번복하지 않느니라. 나의 복음의 사역자들과 종들을 통하여 여러 차례 너희에게 경고하였느니라. 아직 낮이 있을 동안에 회개할지니라. 머지않아 밤이 오고 심판이 이르리라.

만약 네가 끝까지 짐승의 표를 받지 아니하고 저항한다면 내가 너희를 돌보겠노라. 많은 사람들이 이 믿음을 유지하려다가 죽임을 당하거나 목베임을 당할 것이다. 주 안에서 죽는 자에게 축복이 있을 것이며 그들에게 큰 상으로 하나님이 갚아 주실 것이니라.

짐승이 인기와 명성을 받는 기간에는 이 세상에 평화와 발전이 있을 것이다. 그러나 그는 문제를 만들어 내다가 결국 이 평화는 피흘림으로 끝날 것이며 번영은 큰 굶주림으로 끝날 것이니라.

사람이 네게 어떻게 할까 두려워 하지말고 너희 영혼과 육체를 지옥에 던지시는 자를 두려워하라. 비록 큰 핍박이 있고 환란이 몰려온다 하더라도 내가 그것들로부터 너희를 건지리라.

그러나 그날이 이르기 전에 내 군대를 세우리라. 그들은 내게 신령과 진정으로 예배할 것이니라. 하나님의 군대는 나를 위해 위대한 일을 할 것이며 큰 공을 세울 것이니라.

그러므로 모두 와서 신령과 진정으로 내게 경배할지니라. 의의 열매를 맺을 것이며 나에게 너희의 의로운 마음을 보일지니라.

그리하면 내가 너희를 모든 악에서 건지리라. 지금 회개하고 구원을 받기 원하노라. 죄의 삯은 사망이요, 하나님의 은사는 영생이니라. 부를만할 때 나를 부르라. 그리하면 내가 너희를 받을 것이요, 용서할 것이니라. 나는 너희를 사랑하므로 하나도 낙오자가 없기를 바라노라.

이 글들을 믿으라. 그리하면 살리라. 바로 오늘 너희가 섬길자를 택하기 바라노라."

23 그리스도의 재림

나는 예수님이 재림하시는 것을 보았다. 나는 나팔소리와 천사장의 호령소리를 들었다. 온 지구가 흔들렸고 많은 무덤에서 먼저 죽은 의로운 자들이 공중에서 주를 뵙기 위하여 일어나는 것을 보았다.

여러 시간 동안 이 장면은 지속 되었으며 계속 호각소리가 울렸으며 땅과 바다는 죽은 자들을 내어주고 있었다. 주 예수님은 불의 의복 vestments of fire을 입으시고 영광 가운데 구름 위에 서 계셨다.

다시 나팔소리가 났다. 내가 보니 지구상에 남아 있던 성도들이 주님을 뵙기 위하여 공중으로 끌어 올려졌다. 수백만의 사람들이 공중으로 올라왔다. 그들이 올라오자 천사들이 순결한 하얀 세마포 옷을 입혀 주었다. 거기에는 커다란 기쁨이 넘쳤다.

천사들은 계속 주님의 명령을 따르느라 바삐 움직이고 있었다. 천사들은 어디에나 있었으며 부활한 이들을 특별히 돌보고 있었다. 구원받은 이들에게는 그들이 공중을 통과할 때 새 육체가 입혀졌다.

큰 기쁨과 행복이 하늘에 넘쳤다. 그리고 천사들이, "만왕의 왕께 영광을 돌립니다."라고 하며 하나님께 영광을 돌리고 있었다.

하늘들 저 높이에 커다란 영적인 사람 모양의 육체가 보였다. 그것은 바로 예수님의 육체였다. 이 예수님의 육체는 등을 침대에 대고 누워 있었다. 그리고 예수님의 보혈이 지구에 떨어지고 있었다. 나는 그것이 고난 받으신 예수님의 육체임을 알았다.

그리고 이 육체는 하늘들을 가득 채우게 될 때까지 점점 크게 자라나고 있었다. 수많은 구원얻은 영혼들이 예수님의 육체로 들어가며 나가고 있었다.

너무나 놀라운 장면은 수백만의 믿는 자들이 계단을 타고 올라가 예수님의 육체를 가득히 채우는 것이었다. 발에서부터 시작하여 다리로, 팔로, 배로, 심장으로, 머리로 계속 채워져 갔다.

모든 열방과 나라들과 방언들이 세계 각지에서 와서 예수님의 지체를 채우고 있었다. 힘있는 목소리로 주님을 찬양하고 있었다.

수백만의 사람들이 보좌 앞에 앉아 있었다. 그리고 천사들이 많은 책들을 가지고 왔다. 이 책을 근거로 심판이 이루어졌다. 거기에는 시은좌가 있었고 상급이 사람들에게 주어졌다.

그 후에 내가 보니, 어둠이 지구 표면을 덮고 있었다. 악의 세력은 어디에나 있었다. 셀 수 없는 귀신들이 감옥에서 풀려나와 지구에 투하되고 있었다.

주님이 말씀하셨다.
"지구에 남은 자들에게 화 있을진저. 사탄이 저들 가운데 함께 거하리로다."

화가 난 짐승이 그의 독소를 지구에 품어내고 있었다. 지옥이 흔들렸으며 무저갱에서 셀 수 없을 만큼 많은 악령들이 나와서 지구를 새까맣게 채우고 있었다.

남자와 여자들이 울면서 언덕이나, 산, 동굴로 도망가고 있었다. 또한 지구상에는 전쟁과 굶주림과 죽음으로 가득차 갔다.

마침내 불말들과 불마차들을 하늘에서 보았다. 지구는 떨었으며 태양은 피에 물든 것처럼 빨갛게 변해 갔다.

천사가 말하였다.
"오 지구에 있는 자들이여, 왕이 오시리로다!"

그리고 하늘에는 만왕의 왕이요, 만주의 주가 되신 분이 나타나셨다. 흰 옷 입은 주의 성도들이 주님과 동행하였다. 그리고 모든 눈이 이 광경을 보았으며 모든 무릎이 그에게 경배하였다. 그리고 천사들이 그들의 낫을 대었다. 익은 곡식들을 추수하였다. 이것이 세상의 끝이었다.

예수님이 말씀하셨다.
"회개하라. 그리하면 구원함을 얻으리라. 하나님의 나라가 가까웠느니라. 나의 뜻과 나의 말은 반드시 이루어지느니라. 주의 길을 예비할지니라."

그리고 나는 생각했다. 우리는 서로 사랑해야 한다. 우리는 진리에 굳게 서야 한다. 우리의 자녀들에게 주님의 재림에 대해 준비시켜야 한다. 왜냐하면, 그 나라는 분명히 오고 있기 때문이다.

24
하나님의 마지막 부탁

"지구상에 있는 이들에게 이를지니라. 교만하지 말지며 쓸데없는 부에 마음을 두지 말고 우리의 모든 필요를 채워주시되 넘치도록 채워주시는 살아계신 하나님을 신뢰하라. 성령을 따라 행하라. 그리하면 육체의 소욕을 이루지 못하느니라."

> 스스로 속이지 말라 하나님은 업신여김을 받지 아니하시나니 사람이 무엇으로 심든지 그대로 거두리라 자기의 육체를 위하여 심는 자는 육체로부터 썩어질 것을 거두고 성령을 위하여 심는 자는 성령으로부터 영생을 거두리라 (갈 6:7-8)

육체의 일은 분명하니 곧 음행과 더러운 것과 호색과 우상 숭배와 주술과 원수 맺는 것과 분쟁과 시기와 분냄과 당 짓는 것과 분열함과 이단과 투기와 술 취함과 방탕함과 또 그와 같은 것들이라 전에 너희에게 경계한 것 같이 경계하노니 이런 일을 하는 자들은 하나님의 나라를 유업으로 받지 못할 것이요 오직 성령의 열매는 사랑과 희락과 화평과 오래 참음과 자비와 양선과 충성과 온유와 절제니 이같은 것을 금지할 법이 없느니라 그리스도 예수의 사람들은 육체와 함께 그 정욕과 탐심을 십자가에 못 박았느니라 (갈 5:19-24)

"하나님의 말씀이 다 성취될 때 이 세상 끝이 오리라. 예수님이 언제 오시는지 그 날과 그 시는 아무도 모르느니라. 심지어 아들도 모르느니라. 오직 아버지만 아시느니라. 말씀이 속히 이루어 질 것이니라. 모두 내게로 오라. 내가 너희를 모든 죄에서 깨끗하게 하리라. 이렇게 기도하라."

'주 예수님, 내 마음 속에 오시어서 나의 모든 죄를 용서해 주세요. 저는 죄인 입니다. 저의 죄를 회개합니다. 저를 예수님의 보혈로 깨끗하게 씻어 주세요. 저는 하늘 앞에서 죄를 지었습니다. 당신 앞에 감히 하나님의 자녀라 불리울 자격이 없습니다. 믿음으로 주님을 나의 구세주로 영접합니다.'

주님께서 말씀하셨다.

"내가 나의 심령을 품은 목자들을 네게 보내 주리라. 내가 너의 목자가 되리라. 너희는 나의 사람들이 될 것임이니라. 나는 너희의 하나님이 되리라. 말씀을 읽으라.

그리고 모임을 폐하지 말지니라. 너의 삶 전부를 내게 줄지니라. 내가 너희를 돌보리라. 결코 너희를 떠나거나 버리지 않을 것이니라."

사랑하는 여러분, 성령님에 의해서 우리는 아버지께 나아갈 수 있습니다. 당신의 마음들을 주님께 드리기를 기도합니다.

25 천국에 대한 이상들

천국에 대한 이상들 중에는 내가 지옥에 가기 전에 본 것도 있고 지옥 여행이 다 끝나갈 무렵에 본 것도 있다.

▶ 하나님 보좌

내가 깊게 기도하며 묵상하며 하나님께 찬양을 드리는 가운데 이 이상을 받았다. 주님의 영광의 빛이 내가 기도하는 곳에 임하였다. 파도 모양의 불과 밝은 빛들과 장엄한 권능이 내 눈앞에 몰려 왔다.

불과 빛이 빛나는 중앙에는 하나님의 보좌가 있었다. 보좌 위에는 하나님이 앉아 계셨고 기쁨과 평화와 사랑이 전능하신 하나님에게서 흘러 나왔다.

보좌 주위에는 아기 그룹 천사 cherubim들로 가득차 있었다. 하나님을 찬양하며 하나님의 얼굴에, 손에, 발에, 입을 맞추며 재롱을 떨고 있었다. 그들은 "거룩 거룩 거룩 전능하신 주님(찬송가 8장)"을 찬양하고 있었다.

그룹 천사들에게는 불의 혀 모양의 것들이 몸에 부착되어 있었는데 그것들은 머리 위에나 작은 날개 위에 있었다. 날개의 움직임은 주님의 권능과 영광에 의하여 쉴새없이 움직이고 있었다. 한 그룹 천사가 내게 날아와 내 눈을 만졌다.

▶ 금으로 된 산들

이상 중에 나는 지구 저 멀리 건너편을 바라다 보았다. 수 마일에 걸쳐서 땅은 가뭄에 갈라지고 마르고 황폐한 듯이 보였다. 나무라든가 살아있는 식물이나 생물체를 볼 수 없었다. 나는 마른 땅을 지나 더 멀리 하늘을 바라봐 볼 수 있었다. 거기에는 두 개의 큰 산이 있었다.

두 산은 서로 이웃하고 있었고 바닥이 서로 닿아 있었다. 그 높이는 알 수 없었으나 아무튼 어마어마하게 높았다. 그 산들로 더 가까이 다가갔다. 가서보니 그 산들은 단단한 금으로 되어 있었다. 금도 순금이었으며 안을 들여다 볼 수 있게 투명했다.

이 산들 너머에는 말할 수 없이 밝은 빛이 있었고 이 빛이 우주로 확장되면서 우주를 가득 채우고 있었다. 이 산들이 바로 천국의 시작이었다.

사람들은 조그마한 금 하나를 얻을려고 서로 싸우지만 하나님은 이렇게 큰 금덩어리를 가지고 계신 것이다.

▶ 맨션(대저택)

나는 기도 중에 이상을 보게 되었다. 천사들이 우리가 이 땅에서 한 행동들을 기록한 책들을 읽고 있었다. 어떤 천사들은 날개를 가지고 있었으나 어떤 천사들은 날개를 가지고 있지 않았다.

날개를 가진 천사들 중에는 날개가 큰 천사도 있었으며 날개가 작은 천사도 있었다. 각 천사들의 얼굴은 서로 달랐다. 마치 이 지구에 있는 사람들의 얼굴이 서로 다른 것처럼 천사들도 서로 다른 얼굴로 알아 볼 수가 있었다.

천사들이 바쁘게 커다란 다이아몬드를 깎아서 아름다운 대저택에 박아놓고 있었다. 이 다이아몬드들은 두께가 30cm정도 되었고 길이는 60cm정도 되었다. 너무나 아름다웠다. 한 영혼이 구원을 얻을 때마다 다이아몬드 하나가 전도한 사람의 대저택에 하나씩 더해졌다. 하나님 안에서는 절대 우리의 수고가 헛되지 않았다.

▶ 천국의 입구

내가 기도하고 있는데 천국에 대한 이상이 왔다. 나는 영으로 기도하고 있었다. 천사가 나를 방문했다. 천사는 나를 천국으로 데리고 갔다. 내가 전에 보았던 두 개의 금으로 된 산처럼 천국은 장엄하고 빛으로 가득하고 찬란한 영광으로 빛나는 웅장한 곳이었다. 너무나 어마어마한 장소로 하나님의 위엄있는 권능이 차고 넘쳤다.

천사와 나는 커다란 벽이 있는 곳에 도달했는데 거기에는 큰 두 개의 문이 있었다. 그 문에는 몸이 매우 커다란 두명의 천사가 큰 칼을 들고 서 있었다.

천사들의 키는 15m정도 돼 보였으며 그들의 머리카락은 금으로 되어 있었다. 문들은 너무 높아서 끝이 보이지 않았다. 나는 지금까지 본 것들 중에서 그렇게 아름다운 문을 본 적이 없었다. 그 문들은 손으로 직접 무늬와 조각들이 아름답게 새겨져 있었고 진주와 다이아몬드와 루비와 남보석등 갖가지 보석으로 장식되어 있었다. 문위에 있는 장식들은 너무나 아름답게 수 놓아져 있었으며 서로 균형이 잘 맞았다.

문들은 밖으로 열려져 있었다. 한 천사가 손에 책을 들고 안에서 밖으로 나왔다. 책을 체크해 보더니 나를 향해 고개를 흔들었다. 아마 들어가도 된다는 뜻인 것 같았다.

이 책을 읽으시는 분들이여, 만일 당신의 이름이 어린 양의 생명책에 없으면 절대로 천국에 들어가지 못합니다.

▶ 서류 보관방 The File Room

이상 중에 천사가 나를 천국으로 인도했다. 그리고 벽 전체가 금으로 된 커다란 방을 보여 주었다. 벽 사면에 알파벳 순서로 이름이 새겨져 있었다. 마치 큰 도서관처럼 보였다. 책들이 책꽂이에 꽂아져 있는 도서관과는 달리 여기에 있는 책들은 벽에 박혀 있었다.

긴옷을 입은 천사들이 벽에서 책을 꺼내서 열심히 들여다보고 있었다. 그들은 무슨 명령을 받고 움직이는 듯 하였다. 그 책들은 두꺼운 금으로 표지가 되어 있었고 몇 페이지들은 빨간색으로 되어 있어서 너무나 아름다웠다.

나와 함께 있는 천사가 말하기를 이 책들 속에는 지금까지 지구에서 태어난 모든 영혼들의 행적이 낱낱이 기록되어 있다고 하였다. 이 방 말고도 다른 여러 방들에도 이와 같은 도서관들이 더 있다고 하였다. 때때로 천사장들 archangels이 이 기록들을 하나님의 승인을 받기 위하여 하나님 앞으로 가지고 간다고 하였다.

또한, 이 책들 속에는 기도 요청이나, 예언들, 주 안에서의 태도나 성장과정, 그리스도에게로 인도한 영혼들의 숫자, 성령의 열매 등이 기록 되어져 있었다. 우리가 하는 모든 일들은 천사들에 의하여 모든 이 책들 속에 기록되어 있었다.

항상 천사들은 책을 펴놓고는 부드러운 천으로 페이지들을 닦아내고 있었다. 깨끗하게 닦여진 페이지들은 빨간색으로 되어져 있었다.

▶ 천국으로 이어진 사다리

주님의 성령이 내게 이상을 보여 주셨다. 나는 하늘에서 땅으로 내려오는 커다란 사다리를 보았다. 사다리 한쪽으로는 천사들이 하늘에서 땅으로 내려오고 있었다. 반면에, 다른쪽으로는 천사들이 하늘로 올라가고 있었다.

사다리를 오르락내리락하는 천사들은 날개가 없었다. 그러나 각 천사들의 손에는 책이 하나씩 들려 있었는데 각 책 위에는 한 사람씩 이름이 적혀져 있었다. 사다리 군데군데에 일정한 간격으로 또 다른 천사들이 위치하고 있었는데 그들은 오르락내리락하는 천사들에게 방향을 제시하며 묻는 질문에 답해주고 있었다. 일단 천사들이 방향을 제시받고 질문에 대한 답을 얻으면 그들은 어디론가 사라져 갔다.

또, 다른 쪽을 쳐다보니 지구상의 여러 곳에 이런 사다리들이 많이 보였다. 수많은 천사들이 끊임없이 오르락내리락하고 있었다. 그들은 담대하고 권세가 있는 것 같았다. 이들은 하나님의 명령을 하달하는 심부름꾼들이었다.

26 예수님의 예언

예수님이 처음 내게 나타나셨을 때 이런 말씀을 하셨다.

"캐더린, 너는 나와 같이 지옥을 동행하도록 아버지에 의하여 선택을 받았느니라. 나는 이 세상이 천국과 지옥에 대하여 알았으면 하는 많은 것들을 너에게 보여 주겠다.

또한 너에게 어떤 것을 책으로 기록해야 하는지를 말해 주겠으며 이 기록들은 천국과 지옥에 대한 진실한 기록이 될 것이니라. 나의 영이 영생과 심판, 사랑, 죽음과 생명에 대한 비밀들을 너에게 보여 줄 것이니라."

다음은 이 세상에 길 잃은 자에게 보내시는 주님의 메시지입니다.

"나는 너희가 지옥에 가는 것을 원치 않노라. 나는 사람들을 나의 기쁨을 위하여, 그리고 나와의 영원한 교제를 위하여 지었느니라. 너희는 나의 창조이며 나는 너희를 사랑하노라. 부를만한 때에 나를 부르라. 내가 듣겠고 응답하겠노라. 나는 너희 죄를 사하며 축복하기 원하노라."

거듭난 자들에게 주께서 말씀하십니다.

"너희는 모이기를 폐하지 말라. 함께 모여서 기도하고 나의 말씀을 공부하길 원하노라. 거룩한 가운데 나를 섬기기 원하노라."

주께서 각 교회와 민족들에게 말씀하십니다.

"나의 천사들이 구원받은 후사들과 앞으로 구원받을 후사들을 위하여 싸우느니라. 나는 변함이 없느니라. 나는 어제나 오늘이나 영원토록 동일하니라. 나를 찾으라. 그리하면 너희에게 성령을 부어줄 것이다. 너희 자녀들은 예언할 것이요, 나는 그들 중에 큰 일을 행할 것이니라."

만일 당신이 아직 구원을 받지 못하였거든 지금 당장 시간을 내시어 주님 앞에 무릎을 꿇고 여러분의 죄를 사하시도록 그분의 자녀가 될 수 있도록 기도하시기 바랍니다. 어떤 희생을 치루더라도 당신은 지금 천국을 여러분의 영원한 집으로 결정을 내려야 합니다.

지옥은 끔찍한 장소입니다.
지옥은 정말로 있습니다.

| 맺는말 |

저는 다시 한번 여러분이 읽으신 것들이 사실임을 상기시켜 드리고 싶습니다. 지옥은 정말로 존재하며 영원히 불로 고난받는 장소입니다.

마찬가지로 천국도 정말 존재하며 영원한 여러분의 집이 될 수 있는 곳입니다.

나는 하나님의 종이 되어 내 자신을 주 예수 그리스도가 인도하시는 대로 완전히 맡겼으며 주님이 내게 보여 주시고 들려주신 모든 내용을 여기에 다 기록하였습니다.

가장 좋은 결과를 맺기 위해서는 이 책을 읽으시면서 다음에 나오는 성경구절들을 같이 읽으시기 바랍니다. 하나님 영광을 위하여 이 책이 쓰여지길 기도합니다.

메어리 캐더린 백스터

계 20:13-15	잠 7:27	마 23:33
마 10:28	잠 9:18	막 9:43-48
눅 12:5	사 5:14	롬 10:9-10
눅 16:20-31	사 14:12-15	요일 1:9
시 9:17	마 5:22	

| 저자에 대하여 |

메어리 캐더린 백스터는 미국 테네시주에 있는 채터누가에서 태어났습니다. 그녀는 기독교 집안에서 양육 받았으며 그녀는 어렸을 때부터 어머니에게서 예수 그리스도와 구원에 대하여 배우며 자랐습니다.

그렇지만 캐더린이 진심으로 거듭난 것은 19살 때이었습니다. 주님을 몇 년 동안 섬기다가 세상으로 이끌려 나갔습니다. 그런 그녀를 주님의 성령은 가만히 두지 않으셨습니다. 그래서 그녀는 다시 주님께 돌아왔으며 다시 그녀의 삶을 주님께 완전히 바쳤습니다. 그 이후로 주님을 충성스럽게 섬겨오고 있습니다.

1960년대 중반에 캐더린은 가족과 함께 미시간주에 있는 디트로이트로 이사를 가 한동안 거기 살았습니다. 이후에 그녀는 미시간주에 있는 벨빌로 이사를 갔습니다. 그리고 그곳에서 하나님이 주시는 이상을 보게 되었습니다.

미국에 있는 주의 종들과 사역자들과 기독교계의 지도자들은 캐더린 여사를 높이 평가하고 있습니다. 그녀는 집회를 인도할때마다 성령의 역사를 강조해 오고 있으며 수많은 이적과 기사가 그녀를 통해 일어났습니다.

그녀가 성령님에 의해 집회를 인도할 때마다 성령의 은사가 강하게 나타나고 있습니다.

그녀는 온몸과 마음과 뜻과 정성을 다하여 주님을 사랑하고 있으며 그 무엇보다도 영혼구원에 열정을 두고 살아가고 있습니다.

캐더린은 빌 백스터 씨와 결혼한지 24년이 지났으며 슬하에 4명의 자녀와 6명의 손자 손녀가 그녀의 사역을 도와주고 있습니다.

그녀는 참으로 진실한 하나님의 종입니다. 하나님은 그녀를 꿈, 이상, 계시 부분에서 쓰시기 위하여 부르신 것입니다.

1983년에 미시간주, 테일러에 있는 하나님의 성회 순복음교회에서 목사로 안수 받았습니다.

그녀는 지금 워싱턴 D.C.에 있는 하나님의 성회 내셔널교회에서 목사로 일하고 있습니다.

1976년 그녀가 벨빌에 살 때 예수님은 사람의 모양으로 꿈에서, 이상 가운데서, 계시 속에서 여러차례 나타나셨습니다. 그때 이후로 그녀는 주님의 많은 방문을 받게 됩니다.

이러한 방문을 통하여 주님은 그녀에게 지옥의 깊이와 정도, 각 수준과 고통을 보여 주셨습니다.

그녀는 또한 천국에 대한 이상도 받았으며 마지막 대환란에 대하여, 종말에 대한 이상도 받았습니다.

한 때는 매일 밤마다 40일에 걸쳐서 주님이 그녀에게 나타나시기도 하셨습니다.

그리고 주님은 이 메시지는 전세계 사람들을 위한 것이라고 말씀하셨습니다.

정말 **지옥**은 있습니다!

발행일	1997년 10월 5일
20쇄	2010년 5월 12일
수정11쇄	2024년 9월 30일
지은이	메어리 K. 백스터
옮긴이	김유진
펴낸이	장사경
편집디자인	송지혜
펴낸곳	Grace Publisher(은혜출판사)

주소 서울 종로구 종로 65길 12-10 그레이스탑
전화 (02) 744-4029 팩스 744-6578
출판등록 제 1-618호.(1988. 1. 7)

ⓒ 2016 Grace Publisher, Printed in Korea
ISBN 978-89-7917-308-3   03230

이 출판물은 저작권법에 의해 보호를 받는 저작물이므로 무단 전재와 무단 복제를 할 수 없습니다.